CHOIX DE TEXTES
POUR SERVIR A L'ÉTUDE DES SCIENCES ECCLÉSIASTIQUES

Dom Fr. JOSAPHAT MOREAU
Bénédictin de l'Abbaye de Ligugé
Ancien Professeur de Liturgie au Collège Pontifical Grec de Saint-Athanase, à Rome

Les Anaphores des Liturgies de Saint Jean Chrysostome et de Saint Basile

comparées aux Canons Romain et Gallican

PARIS
LIBRAIRIE BLOUD & GAY
3, Rue Garancière
1927

LES ANAPHORES

DES LITURGIES DE S^T JEAN CHRYSOSTOME ET DE S^T BASILE

COMPARÉES AUX CANONS ROMAIN ET GALLICAN

OUVRAGES DU MÊME AUTEUR :

Calendario di rito Greco ed orario delle funzioni che si celebrano nella Chiesa di S. Atanasio. Roma, 1911 . . . . **0** fr. **50**

Calendario di rito Greco con Spiegazioni liturgiche. Fasc. 1. Gennaio, Febbraio, Marzo. Roma, 1912. **0** fr. **65**

Enchiridion del Cristiano. Bologna, 1913 . . **1** fr. **75**

De l'utilité de l'étude de la Liturgie grecque pour l'intelligence de la Liturgie latine. Cours et conférence des semaines liturgiques. T. II. Louvain, 1914.

La liturgie grecque en français avec des vues explicatives. Bruxelles, Vromant, 1914.

Les liturgies ecclésiastiques, notes sur leur origine et leur développement. Bruxelles, Vromant, 1924.

OUVRAGES DE LA MÊME COLLECTION :

Manuel d'Épigraphie chrétienne, I, *Inscriptions latines*, par René Aigrain, prêtre du diocèse de Poitiers.

Manuel d'Épigraphie chrétienne, II, *Inscriptions grecques*, par le même.

BELLARMIN. — De notis verae Ecclesiae, par L. Cristiani, professeur à la Faculté de théologie de Lille.

THOMAS (S.) d'AQUIN. — De ente et essentia, avec un double commentaire historique et philosophique, par Émile Bruneteau, professeur à l'École de Théologie de Poitiers.

LUTHER. — De la liberté du chrétien, par L. Cristiani.

Hors série, volume d'introduction :

Synchronismes de la Théologie catholique; I, *Des origines à Bérenger de Tours*, par René Aigrain, prêtre du diocèse de Poitiers.

Pour paraître prochainement :

Synchronismes de la Théologie Catholique; II, *De Bérenger de Tours à 1517.*

CYPRIEN (S.). — De unitate Ecclesiae, par Paul Vigué, professeur à l'École de Théologie de Poitiers.

D'autres volumes sont en préparation.

CHOIX DE TEXTES
POUR SERVIR A L'ÉTUDE DES SCIENCES ECCLÉSIASTIQUES

Dom Fr. Josaphat MOREAU
BÉNÉDICTIN DE L'ABBAYE DE LIGUGÉ
ANCIEN PROFESSEUR DE LITURGIE AU COLLÈGE PONTIFICAL GREC
DE SAINT-ATHANASE A ROME

LES ANAPHORES
DES LITURGIES DE S^T JEAN CHRYSOSTOME ET DE S^T BASILE

COMPARÉES AUX CANONS ROMAIN ET GALLICAN

PARIS
LIBRAIRIE BLOUD ET GAY
3, RUE GARANCIÈRE

1927

IMPRIMI POTEST

Die I[a] Julii 1913.

† Fr. LÉOPOLDUS.
Abbas Locogiacensis.

Pictavii, die XV[a] Aprilis 1912.

P. LÉPINE.
v. g.

BIBLIOGRAPHIE[1]

Auctarium Solesmense. Series liturgica, T. I. Solesmes, 1900. (sacramentaire de Bergame).

Calendario di rito greco. Rome, 1912, 1er fasc. (janvier, février, mars). D. J. Moreau.

Codex liturgicus Ecclesiae Orientalis. Leipzig, 1853, par Daniel.

Cours et Conférences des Semaines Liturgiques, t. II, Vromant, Bruxelles; Abbaye du Mont-César, Louvain, 1914.

De utriusque Ecclesiae perpetuo consensu. Allatius.

Dictionnaire d'Archéologie et de Liturgie. Letouzey. Paris.

Dictionnaire de la Bible. Letouzey. Paris.

Dictionnaire des noms liturgiques grecs. Clugnet. Paris. Picard, 1895.

Dictionnaire de Théologie Catholique. Letouzey. Paris.

Didascalia et Constitutiones Apostolorum. Funk, 1905. Ratisbonne.

Euchologie latine. 1re Partie. *Te Deum ou Illatio?* 2e Partie.

Eucharistia, par D. Paul Cagin, 1912. Desclée.

Εὐχολόγιον τὸ μέγα. Rome. Propagande, 1876.

* *Εὐχολόγιον.* Venise, 1851. Typographie du Phénix.

Euchologium Græcorum. Goar. Paris, 1647. Venise, 1751.

* *Ἱερατικόν.* Constantinople, 1895. Ἐκ τοῦ Πατριαρχικοῦ Τυπογραφείου.

* *Ἱερὸς Συνέκδημος.* Depasta-Sphyra, Constantinople, 1904.

La divine Liturgie de saint Jean Chrysostome. De Meester. Rome. Ferrari, 1908 (le même en italien contient divers renseignements omis dans l'édition française, qui, à son tour, en contient qui ne se trouvent pas dans l'édition italienne).

1. Les livres marqués d'un astérisque sont des éditions non catholiques.

La Paléographie Musicale. Solesmes.

La sainte Bible, par l'Abbé Crampon. Desclée et Cie. Tournai.

Les origines du culte chrétien. Mgr L. Duchesne. Paris, 1908.

Les saintes et divines liturgies. C. Charon. Paris. Picard, 1904.

* *Lexicon græco-latinum.* Scapula.

Liturgia Romana e Liturgia dell' Esarcato. A. Baumstark, Rome, 1904. Pustet.

* *Liturgies Eastern and Western.* Eastern Lit. Brightman, 1896. Oxford.

Missale Ambrosianum. (Éd. II, post typicam).
Milan, Tipografia arcivescovile e s. Giuseppe, 1909.

Missel Romain. Édition Pustet.

Monumenta Ecclesiae Liturgica. I. Relliquiae liturgicae vetustissimae, 2 sect. 1900-1902 et 1913. Paris, Firmin-Didot.

V. Liber Ordinum Mozarabe. D. Ferotin, 1904.

VI. Liber Mozarabicus Sacramentorum. D. Ferotin, 1912.

* *Novum Testamentum graece.* Stuttgart, 1899.

Opera omnia, t. VI. Thomassin. Rome, 1751.

Opera inedita Benedicti XIV. Fribourg, 1904. Herder.

* *Origines sive antiquitates ecclesiasticae.* J. Bingham. Hal, 1727.

Patrologie grecque (*P. G.*) et *latine* (*P. L.*) de Migne.

* *The greek liturgies.* Swainson. Cambridge, 1884.

* *The Old Testament in greek.* 3 vol. Cambridge, 1896-1901. — By H. Barclay Swete.

* *The Liturgy and ritual of the Celtic Church,* Waren. Oxford, 1881.

* *Thesaurus Ecclesiasticus.* Suicerus.

* *Thesaurus totius graecitatis.* Etienne.

The Stowe Missal, by George F. Warner. Fac-simile. — Londres, 1906.

* *Τυπικόν.* Venise, 1869. Typographie du Phénix.

Χρυσοστομικά. Rome. Pustet, 1908.

Les Liturgies ecclésiastiques. F.-J. Moreau. Vromant, 1924.

INTRODUCTION

Le présent travail a pour but de publier les formules du canon de la Messe dans les deux principales Liturgies Grecques ainsi que dans les Liturgies Romaine primitive et Gallicane.

Chez les Grecs, cette partie de la Messe porte le nom d'*Anaphore*. Ce mot vient du grec ἀναφέρω, offrir en élevant, et pourrait se rendre très bien par un terme que l'on rencontre encore dans la Liturgie Mozarabe, celui d'*Illatio*, commencement de l'Eucharistie, action de grâces par excellence pendant laquelle se fera le changement substantiel des dons offerts.

L'anaphore grecque correspond exactement aux prières qui, dans la Messe Romaine, vont de la Préface au Pater et constituent dans un sens large le canon (de l'antique *Canon actionis* ou simplement *actio* [1]). La liturgie, dans le rite Ambrosien, appelle cet ensemble *Immolatio*; l'Afrique chrétienne des IIe et IIIe siècles se servait des termes *Praedicatio* ou *Benedictio*.

*
* *

Pour ne point allonger outre mesure ce travail, on a choisi deux textes grecs : ceux des liturgies de saint

1. A comparer avec le terme juridique. Ici ce mot semble avoir le sens de *formulaire obligatoire*.

Jean Chrysostome et de saint Basile, les seules qui soient d'un usage courant dans l'Orient Byzantin.

Ces textes, on le sait, n'ont point été sensiblement modifiés depuis le IVe siècle. Ils ont été composés à cette date dans la partie de l'Asie qui avoisine Antioche où saint Jean Chrysostome commença son ministère sacerdotal.

Le canon Gallican est de tous le moins fixe : si l'on excepte le *Qui pridie* jusqu'à l'*Anamnèse*, tout le reste était composé de formules qui variaient avec les fêtes comme de nos jours, à la Messe, les Oraisons, les Lectures, etc... Aussi, sans modifier en rien l'ordre et l'agencement des parties, nous avons cru pouvoir emprunter à diverses messes les pièces les plus caractéristiques du canon Gallican. Cette antique et vénérable liturgie, abandonnée depuis la fin du VIIIe siècle, eut moins à souffrir que la liturgie Romaine des changements apportés dans la suite des temps.

Il n'y avait aucun intérêt à publier de nouveau le texte du canon Romain tel qu'il se trouve dans toutes les mains et qui, dans sa teneur actuelle, remonte à la fin du VIe siècle. C'est pourquoi on a choisi la rédaction plus antique que nous offre le Missel de Stowe, livre qui fut à l'usage d'une Église celtique entre le VIIIe et le Xe siècle et contient le canon Romain avec quelques traces précieuses, quoique trop rares, d'une rédaction antérieure. Comme on le verra, plusieurs parties de ce canon[1] ont été supprimées, car, de l'avis de la plupart des liturgistes modernes[2], elles sont étrangères à la forme primitive et ne furent ajoutées qu'assez tard.

1. Le *Te igitur*, le *Hanc igitur*, le *Quam oblationem*.

2. Les liturgistes sur l'autorité desquels nous nous appuyons ici sans avoir la place de reproduire leurs arguments, sont surtout le Dr A. Baumstark dans ses divers travaux sur la Messe; D. Paul Cagin : *Eucharistia;* D. Fern. Cabrol, *Dictionnaire d'Archéologie et de Liturgie.*

D'autres[1] ont été renvoyées à la place que, suivant les mêmes auteurs, elles devaient occuper anciennement, et de la sorte nous nous trouvons en présence d'une rédaction dont la similitude avec les formules byzantines est des plus frappantes.

*
* *

Les textes patristiques antérieurs aux manuscrits qui existent[2] reproduisent déjà l'ensemble de ce que nous donnent les manuscrits. Nous avons donc ainsi la preuve qu'en Orient la Prière Eucharistique était dès le IVe siècle ce qu'elle est actuellement, et souvent même les prières textuellement citées complètent la démonstration que les allusions, les explications, les descriptions, les comparaisons ont commencée.

Pour le canon Romain, la question est plus complexe. Si nous retrouvons dès le IVe siècle certaines prières en entier, nous n'avons rien qui nous prouve que l'*ordre* actuel des dites prières soit antérieur à la fin du VIe siècle. Cependant, jusqu'à ces derniers temps, la question avait à peine été soulevée, bien que les difficultés et les objections, contre cette opinion sans preuve, ne manquassent pas. Comment expliquer, par exemple, que les deux *Memento* soient séparés dans l'anaphore Romaine, alors surtout que partout ailleurs ils se trouvent toujours réunis? Comment comprendre les répétitions et les hiatus[3] que l'on trouve dans le

1. *Memento* des vivants, *Communicantes*.
2. On sait que le plus ancien manuscrit qui donne le texte des deux liturgies grecques ici reproduites est des VIII/IXe siècles; c'est le fameux Codex Barberini (III, 55) conservé à la Bibliothèque Vaticane.
3. Par exemple le *Te igitur*, d'après Baumstark (*Liturgia Romana e dell' Esarcato*), ne serait qu'une réplique du *Supplices*. Il y a un hiatus évident entre le *Communicantes* et le *Hanc igitur*. D. P. Cagin (*Eucharistia*) n'est pas loin d'admettre que la place du *Hanc igitur* et du

canon Romain? La difficulté grandit encore si l'on compare le canon Romain aux anaphores grecques dont l'unité et la suite logique semblent si remarquables.

Chacune des prières du Canon Romain peut être fort ancienne, mais, ce qu'il est plus difficile d'admettre, c'est l'antiquité de leur agencement actuel; et de fait, jusqu'ici, non seulement on n'a pas établi scientifiquement cette thèse, mais au contraire tout semble la battre en brèche.

Le remarquable liturgiste qu'est le Dr Baumstark admet que le canon Romain, tel que nous l'avons, a été parfois remanié, et il s'efforce de démontrer que c'est saint Grégoire le Grand qui, à la fin du VIe siècle, lui aurait donné la forme sous laquelle nous en usons aujourd'hui [1].

Monseigneur Duchesne, au contraire, semble admettre [2] que le canon Romain dans la forme où nous l'avons encore est fort antique et en tout cas très antérieur à saint Grégoire le Grand. Aussi, à cause des prières d'intercession qu'il trouve en partie avant la Consécration (*Memento*, *Communicantes*), il serait porté à rattacher le type Romain au type Alexandrin.

D. Paul Cagin enfin, dans son *Eucharistia,* cherche, à travers des textes très divers, à dégager la physionomie primitive du canon Romain. Ses conclusions sont des plus intéressantes et, tout en regrettant que sa critique des sources laisse tant à désirer, on ne peut qu'être

Quam oblationem soit en dehors du Canon, peut-être à l'offertoire. Quant au *Communicantes*, sa place est certainement parmi les prières d'intercession. Comme on verra, cet ensemble forme une des Épiclèses Mozarabes.

1. *Liturgia Romana e liturgia dell' Esarcato*, passim, spécial. p. 110-113.

2. *Origines du culte chrétien*, ch. II, éd. 1908, p. 55. Depuis cette édition du livre de Mgr Duchesne on a beaucoup étudié le canon Romain, en particulier Baumstark et Cagin. Il est probable que si Mgr Duchesne rééditait son livre il y apporterait quelques modifications.

entraîné par les séduisantes hypothèses qu'il présente. On trouvera souvent ce savant auteur cité dans les notes du présent volume. Toutefois, il ne nous a pas paru que les preuves données par D. P. Cagin pour exclure totalement les prières d'intercession de la prière Eucharistique fussent suffisantes; aussi, jusqu'à plus ample informé, nous les laissons à leur place traditionnelle, après l'Épiclèse, où, du reste, la simple logique semble les réclamer[1].

*
* *

La question de l'Épiclèse ne peut être traitée ici : cependant, force nous est de noter que jamais, quoi qu'on en ait dit, l'Épiclèse n'a proprement[2] le sens que certains lui attribuent. D. Paul Cagin dans la *Paléographie Musicale*[3] l'a jadis qualifiée après saint Isidore de Séville de « *confirmatio Sacramenti* », et l'explication qu'il en donne semble assez admissible[4]. Elle ne con-

Le texte sur lequel s'appuie D. Cagin avec le plus de complaisance pour prouver son assertion est le palimpseste de Vérone (reproduit dans la 1re col. du tableau de la p. 148 de son ouvrage). Or, ce texte présente justement après l'Epiclèse un hiatus qu'il est difficile de ne point apercevoir. Voici du reste le texte depuis l'anamnèse :

Memores igitur mortis et resurrectionis ejus offerimus tibi panem et calicem gratias tibi agentes, quia nos dignos habuisti adstare coram te et tibi ministrare. Et petimus ut mittas spiritum tuum sanctum in oblationem sanctae Ecclesiae — in unum congregans des omnibus qui percipiunt sanctis in repletionem Spiritus Sancti ad confirmationem fidei in veritate, — ut te laudemus et glorificemus per puerum tuum Jesum Christum, per quem tibi gloria et honor, Patri et Filio cum Sancto Spiritu, in sancta Ecclesia tua et nunc et in saecula saeculorum.

En supposant que l'on intercale après *Ecclesiae* (ou après *in veritate*) les prières d'intercession : pour les morts, pour les vivants, la suite devient toute naturelle : on demande à Dieu de les considérer comme un tout, afin qu'ainsi unis par l'Esprit-Saint, par la même foi, ils puissent louer et glorifier la Très Sainte Trinité. Du reste — autre objection — ce texte est d'origine Orientale, donc inopérant pour prouver quelque chose quant au canon Romain.

2. Sauf, semble-t-il, dans des cas exceptionnels fort rares et qui alors ne sont plus que l'exception qui confirme la règle.

3. Solesmes, 1894, tome II, page 86.

4. Il est vrai que dans son nouveau travail sur l'*Eucharistia* le même

tient pas, en effet, comme on s'en convainc aisément à la lecture du texte, une demande absolue de transsubstantiation, mais bien plutôt la demande que le Corps et le Sang de Jésus-Christ soient profitables à ceux qui les recevront, qu'ils soient comblés de la bénédiction céleste et de la grâce, comme le dit le Canon Romain dans la prière *Supplices : ... ut quotquot ex hac altaris participatione sacrosanctum Filii tui Corpus et Sanguinem*[1] *sumpserimus, omni benedictione caelesti et gratia repleamur.* Il semble bien que ce soit la raison d'être et le sens obvie de l'Épiclèse : pour arriver à lui en donner un autre, les Orientaux ont dû, si l'on peut ainsi parler, la disséquer et en séparer les morceaux par un dialogue qui fait de cette prière quelque chose d'incompréhensible, même grammaticalement.

A ce point de vue, les Épiclèses qui nous sont fournies par certains textes Ambrosiens, Mozarabes et même Orientaux[2] sont d'un intérêt capital et une preuve bien forte de l'opinion que nous proposons.

*
* *

Ce modeste travail a surtout pour but de faire connaître aux lecteurs Occidentaux les beautés que contiennent les vénérables textes dont nos Pères dans la foi se sont servis et qui restent un des monuments les

auteur semble lui donner un sens plus précis, mais il ne paraît pas que ce nouveau sens soit conforme à l'ensemble des textes liturgiques, même Orientaux.

1. C'est la première fois depuis les paroles de l'Institution que viennent ces mots.

2. On en trouvera un certain nombre dans le tableau inséré p. 148 de l'*Eucharistia* de D. P. Cagin. Dans le courant de cet ouvrage on trouvera d'autres renseignements. L'auteur ne voit pas d'Epiclèse dans certains textes anciens parce que l'invocation n'y est pas aussi claire que dans quelques épiclèses orientales arrangées après coup pour les besoins de la cause. N'est-ce pas un peu une pétition de principe?

plus précieux de leur croyance et de notre tradition. Aussi, pour simplifier le travail de comparaison entre les quatre textes, on a pris soin de faire ressortir par des titres les divisions de l'Anaphore.

Des numéros et des lettres en caractères gras permettent de retrouver au premier coup d'œil les parties correspondantes dans les quatre textes.

Pour les liturgies grecques on a généralement suivi la version liturgique actuellement en usage. Elle diffère fort peu, les notes le montreront, du texte donné par les plus anciens manuscrits. — Les rubriques ont été reproduites dans les notes et expliquées avec soin.

Quelques notes théologiques et patristiques, autant que l'ont permis les circonstances de ce travail, ont été également ajoutées pour donner une intelligence plus complète du texte édité.

Pour faciliter la lecture des textes latins, nous avons cru préférable, à l'exemple de Mgr Duchesne et d'autres maîtres de la science liturgique, d'adopter une orthographe plus récente.

Puissent la connaissance et l'étude de ces textes vénérables faire naître en quelques âmes le désir de s'intéresser davantage à des questions qui, depuis si longtemps, divisent l'Orient et l'Occident, et les pousser à travailler à l'Union des Églises séparées de Rome : *ut fiat unum ovile et unus Pastor!*

Rome 1911, Chevetogne 1913.

NOTE DES ÉDITEURS

Ce volume devait paraître dans la série *Choix de textes pour servir à l'étude des sciences ecclésiastiques* à la rentrée d'octobre 1914. A ce moment, dom Fr. Josaphat Moreau, rentré de Chevetogne (Belgique) pour la mobilisation, ne put achever lui-même la correction des épreuves; la mise en pages fut contrôlée par M. l'abbé R. Aigrin, chargé de cette série. Les circonstances n'ayant pas permis de publier plus tôt ces *Anaphores,* nous les donnons aujourd'hui telles qu'elles devaient paraître en 1914. C'est ce qui explique l'arrêt de la Bibliographie à cette date. Il est impossible de ne pas y ajouter au moins le volume de dom Moreau lui-même, *les Liturgies eucharistiques*, publié en 1924 chez Vromant, à Bruxelles (les liturgies grecques y sont citées seulement en traduction française et ne sont pas, comme ici, présentées parallèlement. — On sait que dom Moreau s'est consacré depuis à une autre œuvre, et qu'il est l'animateur de la Ligue des Droits des Religieux Anciens Combattants (DRAC).

AVANT-PROPOS

Les pages *paires* donnent le texte de l'Anaphore Chrysostomienne avec la traduction et en bas les parties correspondantes du Canon romain.

Les pages *impaires* donnent, en regard du texte Chrysostomien, le texte de l'Anaphore Basilienne et les parties correspondantes de la prière eucharistique Gallicane.

Les notes se suivent de deux en deux pages, c'est-à-dire, par exemple, qu'une note commencée à la page 24 s'achèvera à la page 26, ou, si elle débute à la page 21, elle se terminera à la page 23.

Pour les prières d'intercession on a cité quelques textes Mozarabes ou Ambrosiens très proches parents, on le sait, de la liturgie Gallicane.

L'ensemble de la Prière Eucharistique est divisé en 4 parties :

I. Glorification de la sainte Trinité.
II. Action de grâces ou Eucharistie proprement dite.
III. Prières d'intercession.
IV. Doxologie finale.

I. HYMNE DE GLORIFICATION

TRADUCTION	SAINT JEAN CHRYSOSTOME

DIALOGUE.

Le Prêtre. Que la grâce de Notre-Seigneur Jésus-Christ, et la dilection de Dieu le Père, et la participation du Saint-Esprit, soit avec vous tous.	Ὁ Ἱερεύς. Ἡ χάρις[1] τοῦ Κυρίου ἡμῶν Ἰησοῦ Χριστοῦ, καὶ ἡ ἀγάπη τοῦ Θεοῦ καὶ Πατρὸς, καὶ ἡ κοινωνία τοῦ Ἁγίου Πνεύματος, εἴη μετὰ πάντων ὑμῶν[2].
Le Chœur. Et avec votre esprit.	Ὁ Χορός. Καὶ μετὰ τοῦ πνεύματός σου[3].
Pr. Ayons en haut les cœurs.	Ὁ Ἱερ. Ἄνω[4] σχῶμεν τὰς καρδίας[5].
Ch. Nous les avons vers le Seigneur.	Ὁ Χορ. Ἔχομεν πρὸς τὸν Κύριον.
Pr. Rendons grâces au Seigneur.	Ὁ Ἱερ. Εὐχαριστήσωμεν[6] τῷ Κυρίῳ[7].
Ch. Il est digne et juste.	Ὁ Χορ. Ἄξιον[8] καὶ δίκαιον[9].

ANAPHORE ROMAINE

Dialogue. ℣. Dominus vobiscum. ℟. Et cum Spiritu tuo. ℣. Sursum corda. ℟. Habemus ad Dominum. ℣. Gratias agamus Domino Deo nostro. ℟. Dignum et justum est.

---

1. II *Cor*. xiii, 13. La grâce, obtenue par les mérites de Notre-Seigneur Jésus-Christ, est l'effet de l'amour dont le Père nous aime dans son Fils, et a elle-même pour effet de nous faire participer à leur Esprit. C'est ce que le Prêtre souhaite aux fidèles avec l'Apôtre. Ceux-ci répondent par le même souhait. Ce souhait grec se trouve sous une forme abrégée dans la liturgie latine. Le texte Gallican (Mozarabe) donné reproduit le souhait grec.

2. En disant ces paroles, le Prêtre fait le signe de la Croix sur les oblats avec le voile (autrefois il se signait aussi) et se tournant et s'avançant jusque sur la σωλέα (sorte de marchepied ou seuil devant la Grande Porte) de l'Iconostase, il bénit le peuple. Pour explications plus détaillées des rubriques de l'anaphore grecque, on peut consulter avec fruit l' « *Enchiridion del Cristiano* » (p. 170-184), par D. Gisafoatte Moreau O. S. B. 1913.

3. II *Tim*. iv, 22.

4. 5. 6. 7. 8. 9. Cf. notes 4, 5, 6, 7, 8, 9, page suivante.

I. HYMNE DE GLORIFICATION

SAINT BASILE	TRADUCTION
DIALOGUE.	
Ὁ Ἱερεύς. Ἡ χάρις[1] τοῦ Κυρίου ἡμῶν Ἰησοῦ Χριστοῦ, καὶ ἡ ἀγάπη τοῦ Θεοῦ καὶ Πατρὸς, καὶ ἡ κοινωνία τοῦ Ἁγίου Πνεύματος εἴη μετὰ πάντων ὑμῶν[2].	*Le Prêtre.* Que la grâce de Notre-Seigneur Jésus-Christ, et la dilection de Dieu le Père, et la participation du Saint-Esprit, soit avec vous tous.
Ὁ Χορός. Καὶ μετὰ τοῦ πνεύματός σου[3].	*Le Chœur.* Et avec votre esprit.
Ὁ Ἱερ. Ἄνω[4] σχῶμεν τὰς καρδίας[5].	*Pr.* Ayons en haut les cœurs.
Ὁ Χορ. Ἔχομεν πρὸς τὸν Κύριον.	*Ch.* Nous les avons vers le Seigneur.
Ὁ Ἱερ. Εὐχαριστήσωμεν[6] τῷ Κυρίῳ[7].	*Pr.* Rendons grâces au Seigneur.
Ὁ Χορ. Ἄξιον[8] καὶ δίκαιον[9].	*Ch.* Il est digne et juste.

ANAPHORE GALLICANE

Dialogue. ℣. Gratia Dei Patris omnipotentis, pax et dilectio Domini nostri Jesu Christi et communicatio Spiritus sancti sit semper cum omnibus vobis. ℟. Et cum hominibus bonae voluntatis. ℣. Sursum corda. ℟. Levemus ad Dominum. ℣. Deo ac Domino nostro Jesu Christo Filio Dei qui est in caelis dignas laudes dignasque gratias referamus. ℣. Dignum et justum est.

1. 2. 3. Cf. notes 1, 2, 3, page précédente.

4. *Thren.* III, 40. — 5. Le Prêtre lève les mains et les yeux vers le ciel. — 6. *Judith,* VIII, 25.

7. Le Prêtre, croisant les mains sur la poitrine, s'incline vers l'image du Christ (à sa gauche), se retourne vers l'autel où il remonte et dit à voix basse ce qui correspond à la Préface pendant que le peuple chante la réponse. — 8. II *Thess.* I, 3.

9. Aux messes solennelles le Chœur chante : Ἄξιον καὶ δίκαιον Σὲ προσκυνεῖν Πατέρα, Υἱὸν, καὶ Ἅγιον Πνεῦμα, Τριάδα ὁμοούσιον καὶ ἀχώριστον : *Il est digne et juste de vous adorer, Père, Fils et Saint-Esprit, Trinité consubstantielle et indivisible.*

TRADUCTION	SAINT JEAN CHRYSOSTOME
PRÉFACE.	
Pr. Il est digne et juste de	Ὁ Ἱερ. 1 Ἄξιον[1] καὶ δίκαιον[2]
Vous chanter, de Vous bénir, de Vous louer, de Vous rendre grâces, de Vous adorer dans tous les lieux de votre puissance[4].	2 Σὲ ὑμνεῖν, Σὲ εὐλογεῖν, Σὲ αἰνεῖν[3], Σοὶ εὐχαριστεῖν, Σὲ προσκυνεῖν ἐν παντὶ τόπῳ τῆς δεσποτείας[5] Σου.

ANAPHORE ROMAINE[6]

PRÉFACE : 1 Vere dignum et justum est aequum et salutare est 2 nos tibi hic, semper et ubique gratias agere

1. Cf. note 8, page 17.
2. Le Prêtre dit cette prière incliné. Avant le XIe siècle on trouve aussi cette rubrique : ὁ ἱερεὺς ἀπάρχεται τῆς ἁγίας ἀναφορᾶς, qui ferait croire que le dialogue qui précède est hors de l'Anaphore et n'en est que la préparation et la préface obligatoire.
3. Σὲ εὐλογεῖν, Σὲ αἰνεῖν, n'existent pas au IXe siècle ni dans le ms Barberini du VIIIe; on les trouve cependant déjà au XIe siècle.
4. C'est-à-dire : *partout*.
5. *Ps.* CII, 22.
6. Comme nous l'avons dit dans l'Introduction, p. 8, c'est d'après le missel de Stowe (VIIe-IXe s.) que nous citons cette Anaphore Romaine. Il a été édité en fac-simile par George F. Warren, Londres, 1906, cf. fol. 22 verso; à partir d'ici, fol. 23 recto.

SAINT BASILE

TRADUCTION

PRÉFACE.

Ὁ Ἱερ. Ὁ ὤν, Δέσποτα[1], Κύριε[2], Θεὲ, Πάτερ παντοκράτορ[3], προσκυνητὲ,

1 ἄξιον ὡς[4] ἀληθῶς, καὶ δίκαιον, καὶ πρέπον τῇ μεγαλοπρεπείᾳ τῆς ἁγιωσύνης Σου[5],

2 Σὲ αἰνεῖν, Σὲ ὑμνεῖν, Σὲ εὐλογεῖν, Σὲ προσκυνεῖν, Σὲ εὐχαριστεῖν, Σὲ δοξάζειν τὸν μόνον ὄντως ὄντα Θεὸν, καὶ Σοὶ προσφέρειν ἐν καρδίᾳ[6] συντετριμμένῃ, καὶ πνεύματι ταπεινώσεως[7] τὴν λογικὴν ταύτην λατρείαν[8] ἡμῶν· ὅτι Σὺ εἶ ὁ χα-

Pr. O Vous, l'Être par excellence, Maître, Seigneur, Dieu, Père tout-puissant, adorable, il est vraiment digne et juste et il convient à la magnificence de Votre sainteté de Vous louer, de Vous chanter, de Vous bénir, de Vous adorer, de Vous rendre grâces, de Vous glorifier, Vous qui seul êtes réellement Dieu, comme aussi de Vous offrir d'un cœur contrit et en esprit d'humilité cette nôtre adoration raisonnable : parce que vous êtes Celui qui nous avez accordé la

ANAPHORE GALLICANE[9]

Préface (*consecratio*) : **1** Vere aequum et justum est **2** nos tibi gratias agere

---

1. Cf. note 2, page 18. — 2. *Jer.* I, 6.

3. On trouve parfois le nominatif : on sait qu'en grec ce cas s'emploie souvent pour le vocatif.

4. Ἄξιον ὡς ἀληθῶς, hellénisme parfaitement traduit par : *Vere dignum.*

5. *Ps.* CXLIV, 5. La sainteté de Dieu éclate *extérieurement* par les louanges de ses créatures. C'est une gloire *accidentelle* qu'il est de leur devoir de lui donner. Cette gloire est le but de la *louange divine* sous ses différentes formes. — 6. *Ps.* L, 19.

7. *Dan.* III, 39. Cf. Miss. Rom. « *In spiritu humilitatis et in animo contrito* ». La contrition et l'humilité sont les dispositions particulières requises du pécheur qui offre à Dieu l'hommage de sa louange et de son adoration, surtout lorsqu'il s'agit de mystères aussi saints que ceux qui vont s'accomplir. — 8. *Rom.* XII, 1.

9. Nous citerons, autant que possible, d'après les messes éditées par Mone et reproduites dans la *P. L.*, de Migne, t. CXXXVIII, col. 867 sq.

TRADUCTION	SAINT JEAN CHRYSOSTOME
Car Vous êtes un Dieu ineffable, insaisissable, invisible, incompréhensible, existant toujours, existant sans changer :	3 Σὺ γὰρ εἶ Θεὸς ἀνέκφραστος, ἀπερινόητος, ἀόρατος, ἀκατάληπτος, ἀεὶ ὢν, ὡσαύτως ὤν·
Vous et votre Fils unique	4 Σὺ καὶ ὁ μονογενής σου Υἱὸς,

ANAPHORE ROMAINE

3 Domine sancte, omnipotens aeterne Deus per Christum Dominum nostrum 4 Qui cum Unigenito tuo

SAINT BASILE

ρισάμενος ἡμῖν τὴν ἐπίγνωσιν τῆς σῆς ἀληθείας[1]. Καὶ τίς ἱκανὸς λαλῆσαι τὰς δυναστείας Σου, ἀκουστὰς ποιῆσαι πάσας τὰς αἰνέσεις[2] Σου, ἢ διηγήσασθαι πάντα τὰ θαυμάσιά Σου[3] ἐν πάντι καιρῷ; Δέσποτα[4] τῶν ἁπάντων[5], Κύριε οὐρανοῦ καὶ γῆς[6], καὶ πάσης κτίσεως[7], ὁρωμένης τε καὶ οὐχ ὁρωμένης, ὁ καθήμενος ἐπὶ θρόνου δόξης, καὶ ἐπιβλέπων ἀβύσσους[8],

3 ἄναρχε ἀόρατε, ἀκατάληπτε, ἀπερίγραπτε, ἀναλλοίωτε, ὁ Πατὴρ

4 τοῦ Κυρίου ἡμῶν Ἰησοῦ Χριστοῦ[9], τοῦ μεγάλου Θεοῦ καὶ Σωτῆρος[10] τῆς ἐλπίδος ἡμῶν[11]· ὅς

TRADUCTION

grâce de connaître votre vérité. Qui donc serait capable de dire votre puissance, de faire entendre toutes vos louanges, ou bien d'énumérer toutes les merveilles que Vous avez faites de tous temps? Maître de l'Univers, Seigneur du ciel et de la terre et de toute la création, tant visible qu'invisible, Vous qui êtes assis sur un trône de gloire, qui regardez les abîmes, qui n'avez pas de commencement, ô invisible, incompréhensible, indescriptible, immuable, ô Père

de Notre-Seigneur Jésus-Christ, le grand Dieu et le Sauveur en qui réside notre espérance[11]!

ANAPHORE GALLICANE

3 Omnipotens aeterne Deus, Pater, **4** Unigenite,

---

1. *Hebr.* x, 26. La connaissance qu'Il nous donne de la Vérité est pour Dieu un titre spécial à recevoir nos hommages; pour nous qui Lui en sommes redevables, un motif particulier de les Lui offrir. Mais on envisage ici la connaissance de la Vérité comme un moyen de rendre notre louange plus parfaite, en la rendant plus vraie, plus adéquate à son objet, malgré notre impuissance à l'exprimer dignement.
2. *Ps.* cv, 2. — 3. *Ps.* xxv, 7.
4. Répété au ixe siècle.
5. Τὰ ἅπαντα signifie *l'Univers*, parce que l'univers est composé de l'ensemble des choses créées.
6. *Matt.* xi, 25. — Καὶ γῆς ne se trouvent plus dans la dernière édition de Constantinople (Ἱερατικόν 1895), on ne sait trop pourquoi.
7. III *Mach.* ii, 2. — 8 *Dan.* iii, 55, 56. — 9. II *Cor.* i, 3. — 10. *Tit.* ii, 3.
11. I *Tim.* i, 1. — Noter le style lyrique de cette phrase exclamative qui n'a pas de verbe.

TRADUCTION	SAINT JEAN CHRYSOSTOME
et votre Esprit-Saint.	5 καὶ τὸ Πνεῦμά Σου τὸ Ἅγιον.
Vous-même nous avez portés du non-être à l'être, et nous avez relevés de nouveau après la chute; et Vous ne cesserez pas de tout faire afin de nous conduire au ciel, et de nous donner votre royaume futur.	Σὺ ἐκ τοῦ μὴ ὄντος εἰς τὸ εἶναι[1] ἡμᾶς παρήγαγες, καὶ παραπεσόντας ἀνέστησας πάλιν, καὶ οὐκ ἀπέστης πάντα ποιῶν, ἕως ἡμᾶς εἰς τὸν οὐρανὸν ἀνήγαγες, καὶ τὴν βασιλείαν Σου[2] ἐχαρίσω τὴν μέλλουσαν.

ANAPHORE ROMAINE

5 et Spiritu sancto [3] Deus es unus et immortalis, Deus incorruptibilis et immotabilis, Deus invisibilis et fidelis, Deus mirabilis et laudabilis, Deus honorabilis et fortis, Deus altissimus et magnificus, Deus vivus et verus, Deus sapiens et potens, Deus sanctus et speciosus, Deus magnus et bonus, Deus terribilis et pacificus, Deus pulcher et rectus, Deus purus et benignus, Deus beatus et justus, Deus pius et sanctus [4] non in unius singularitate personae sed in unius Trinitate substantiae

---

1. *Sap.* I, 14.
2. Σου n'existe pas jusqu'après le XVIe siècle.

SAINT BASILE	TRADUCTION
ἐστιν εἰκὼν τῆς σῆς ἀγαθότητος[1], σφραγὶς ἰσότυπος[2], ἐν ἑαυτῷ δεικνὺς Σὲ τὸν Πατέρα[3], Λόγος ζῶν[4], Θεὸς ἀληθινὸς[5], ἡ πρὸ αἰώνων[6] Σοφία[7], Ζωὴ[8], Ἁγιασμός, Δύναμις[9], τὸ φῶς τὸ[10] ἀληθινὸν	Lui, Il est une image de votre bonté, un sceau parfaitement égal à son modèle, qui montre en soi Vous-même le Père : Verbe vivant, Dieu véritable, l'éternelle Sagesse, Vie, Santification, Puissance, la vraie Lumière;
5 παρ' οὗ[11] τὸ Πνεῦμα τὸ Ἅγιον ἐξεφάνη[12],	par qui le Saint-Esprit a été manifesté,

ANAPHORE GALLICANE

(5 Spiritus sancte, ex Patre et Filio mystica processione subsistens), 6 una eademque in sanctam Trinitatem trium personarum substantia coaeterna essent, et non discreta concordia, aequalis potentia, voluntas unita, ipsa apud se permanens ante tempora universa vel saecula, nihil ultra se habens, nihil intra se nesciens, cuncta supereminens et se cunctis infundens, loca continens et locis excedens, nullius indigens et omnia complens, sermone ineffabilis, virtute efficax etsi voce non capax; (5) solo praecepto potentiae caelum hoc de Filio tuo, hoc de Spiritu sancto, sine differentia et discretione

1. *Sap.* VII, 26. — 2. Rappelle le texte de l'Épître aux Hébreux I, 3, cité textuellement plus bas.

3. *Joan.* XIV, 8. C'est parce que le Verbe incarné est une image parfaite de son Père, en tout égale à son modèle, qu'Il nous fait connaître en Lui la vérité increée. — 4. *Hebr.* IV, 20. — 5. I *Joan.* V, 20.

6. Littéralement : *qui existe avant les siècles.*

7. I *Cor.* I, 30. — 8. *Joan.* XIV, 6. — 9. I. *Cor.* I,24. — 10. *Joan.* I, 9.

11. Se rapporte, à Notre-Seigneur Jésus-Christ, dont il est ici question.

12. C'est le propre du Verbe incarné de manifester l'Esprit du Père en

TRADUCTION	SAINT JEAN CHRYSOSTOME
Pour tous ces biens nous Vous	**6**. Ὑπὲρ τούτων ἁπάντων εὐχα-

ANAPHORE ROMAINE

6 Te credimus, Te benedicimus, Te adoramus et laudamus nomen tuum in aeternum et in saeculum saeculi, **4** per quem salus mundi, per quem vita hominum, per quem resurrectio

---

SAINT BASILE	TRADUCTION
τὸ τῆς ἀληθείας Πνεῦμα[1], τὸ τῆς υἱοθεσίας[2] χάρισμα, ὁ ἀῤῥαβὼν τῆς μελλούσης κληρονομίας[3], ἡ ἀπαρχὴ τῶν αἰωνίων ἀγαθῶν, ἡ ζωοποιὸς δύναμις, ἡ πηγὴ τοῦ ἁγιασμοῦ· παρ' οὗ[4] πᾶσα κτίσις λογική τε καὶ νοερὰ, δυναμουμένη,	l'Esprit de vérité, la grâce de l'adoption, le gage de l'héritage futur, les prémices des biens éternels, la puissance vivifiante, la source de la sanctification; de qui toute créature raisonnable et intelligente reçoit la force
6 Σοὶ λατρεύει, καὶ Σοὶ τὴν ἀΐ-	de Vous adorer et de Vous adres-

ANAPHORE GALLICANE

sentimus; 6 ut in confessione verae sempiternaeque Deitatis, et in personis proprietas, et in essentia unitas, et in deitate adoretur aequalitas, terram[5] maria cum suis formis in generibus procreasti, sed inter reliquas animantium creaturas ut peculiarius in tua laude viveret hominem ad imaginem et similitudinem beatissimae Trinitatis condidisti, ut collocatus in suavitate Paradisi, creatori serviens, creaturis reliquis imperaret, et Tibi fideliter famulando haberet in aliis generibus dominatum; sed culpae praevaricatione admissa, homine projecto de vita paradisi, successit mors de pœna peccati; et jacebat in tenebris, Tuae lucis jussa contemnens. Inter hoc

---

Lui, et par là, de nous Le faire connaître; de Le manifester en nous, dans l'œuvre de sanctification que cet Esprit, attiré par les mérites de Jésus-Christ, y accomplit, afin de nous rendre dignes de chanter avec les neuf chœurs des Anges l'hymne de la louange sans fin. Ἐξεφάνη a le sens de : *faire paraître à la lumière*, et par conséquent : *produire*. Goar a traduit cette phrase ainsi : *A quo Spiritus Sanctus processit*. Ce texte, encore actuellement en usage dans l'Eglise orientale, pourrait peut-être être allégué pour prouver la procession du Saint-Esprit par le Fils. Toute cette prière s'adresse au Père, aussi le : παρ' οὗ que l'on a rencontre au commencement de la phrase se rapporte au Fils; plus bas, lorsqu'on parlera au Père on dira Σοί. Toute cette prière, riche en allusions bibliques, est animée d'un souffle plein d'enthousiasme et de poésie qui la rend très belle.

1. *Joan.* XIV, 17. — 2. *Rom.* VIII, 15. — 3. *Eph.* I, 14.

4. Se rapporte à l'Esprit-Saint. — 5. Comme on le voit, nous avons ici les premières idées de l'Anaphore Basilienne.

TRADUCTION

remercions, ainsi que votre Fils unique et votre Esprit-Saint; pour tous les bienfaits que nous connaissons et que nous ne connaissons pas, manifestes et cachés dont Vous nous avez comblés.

Nous Vous remercions aussi pour cette Liturgie (*service*) que Vous avez daigné recevoir de nos mains,

quoique Vous soyez assisté de milliers d'Archanges, de myriades d'Anges, des Chérubins et des Séraphins aux six ailes, aux regards innombrables, sublimes, ailés,

SAINT JEAN CHRYSOSTOME

ριστοῦμέν Σοι, καὶ τῷ μονογενεῖ Σου Υἱῷ καὶ τῷ Πνεύματί Σου τῷ Ἁγίῳ, ὑπὲρ πάντων ὧν ἴσμεν, καὶ ὧν οὐκ ἴσμεν, τῶν φανερῶν, καὶ ἀφανῶν εὐεργεσιῶν, τῶν εἰς ἡμᾶς γεγενημένων.

Εὐχαριστοῦμέν Σοι καὶ ὑπὲρ τῆς λειτουργίας ταύτης, ἣν ἐκ τῶν χειρῶν ἡμῶν δέξασθαι κατηξίωσας,

7 καίτοι Σοὶ παρεστήκασι[1] χιλιάδες[2] Ἀρχαγγέλων, καὶ μυριάδες Ἀγγέλων, τὰ Χερουβὶμ, καὶ τὰ Σεραφὶμ, ἑξαπτέρυγα, πολυόμματα, μετάρσια, πτερωτά,

ANAPHORE ROMAINE

mortuorum...) **7** per quem majestatem tuam laudant Angeli, adorant Dominationes, tremunt potestates, caeli caelorumque Virtutes ac beata Seraphim

1. Au IXe siècle on trouve : παρεστήκεισαν.
2. *Dan.* VII, 10.

SAINT BASILE	TRADUCTION
διον ἀναπέμπει δοξολογίαν, ὅτι τὰ σύμπαντα δοῦλα Σά[1].	ser l'hymne de glorification éternelle, parce que tous les êtres Vous sont assujettis.
7 Σὲ γὰρ[2] αἰνοῦσιν Ἄγγελοι, Ἀρχάγγελοι, Θρόνοι, Κυριότητες, Ἀρχαὶ[3], Ἐξουσίαι, Δυνάμεις[4], καὶ τὰ πολυόμματα Χερουβίμ. Σοὶ παρίστανται κύκλῳ τὰ Σεραφίμ, ἓξ πτέρυγες τῷ ἑνί, καὶ ἓξ πτέρυγες τῷ ἑνί· καὶ ταῖς μὲν δυσὶ κατακαλύπτουσι τὰ πρόσωπα ἑαυτῶν, ταῖς δὲ δυσὶ τοὺς πόδας· καὶ ταῖς	En effet, c'est Vous que louent les Anges, les Archanges, les Trônes, les Dominations, les Principautés, les Puissances, les Vertus, et les Chérubins aux regards innombrables. Les Séraphins se tiennent en cercle autour de Vous, eux qui ont chacun six ailes; de deux ils

ANAPHORE GALLICANE

nullus erat qui caeco lumen ostenderet, prostrato manum porrigeret, exuli patriam redderet, sepulto vitae munera reformaret. Tu autem, clemens et Conditor, condolens tuo homini praevaluisse culpam peccati ut jacens potuisset erigi, ad illum inclinata potentia descendisti; in hoc enim persona Unigeniti Filii humanae carnis absolvit et quod omnipotens dedit per pietatem humilis reformavit formis, igitur digne proferat quod indignis praestitit divinae clementiae et Deum admirabiliter uniretur divinitas et homini per Deum tribuetur aeternitas[5]. 7 Cui merito omnes Angeli atque archangeli

1. *Ps.* CXVIII, 91. — 2. I. *Petr.* III, 22. — 3. *Coloss.* I, 16. — 4. *Is.* VI, 2, 3.
5. *Sic.* On voit combien le texte des messes de Mone est altéré, et combien il serait utile qu'on en donnât une bonne édition critique.

TRADUCTION	SAINT JEAN CHRYSOSTOME
qui chantent, proclament, crient l'hymne de la victoire, disant :	8 τὸν[1] ἐπινίκιον ὕμνον ᾄδοντα, βοῶντα, κεκραγότα καὶ λέγοντα·

SANCTUS.

Saint, Saint, Saint, Seigneur des armées; le ciel est plein comme la terre de votre gloire. Hosanna au plus haut des cieux. Béni celui qui vient au nom du Seigneur. Hosanna au plus haut des cieux.	9 Ἅγιος, ἅγιος, ἅγιος, Κύριος Σαβαώθ· πλήρης ὁ οὐρανὸς καὶ ἡ γῆ τῆς δόξης[2] Σου. Ὡσαννὰ ἐν τοῖς ὑψίστοις· εὐλογημένος ὁ ἐρχόμενος ἐν ὀνόματι Κυρίου. Ὡσαννὰ ὁ ἐν τοῖς ὑψίστοις[3].

ANAPHORE ROMAINE

8 socia exsultatione[4] concelebrant, [**10**] cum quibus et nostras voces ut admitti jubeas deprecamur **8** supplici confessione dicentes : **9** Sanctus, Sanctus, Sanctus Dominus Deus sabaoth. Pleni sunt caeli et universa terra gloria tua. Hosanna in excelsis. Benedictus qui venit in nomine Domini. Hosanna in excelsis[5].

---

1. Le Prêtre chante ces paroles. C'est encore une exclamation (ἐκφώνησις). Le Diacre (ou à son défaut le Prêtre), qui jusqu'à ce moment avait éventé avec le ῥιπίδιον (petit éventail) les oblats, frappe en forme de croix le disque (patène) avec l'astérique, puis le calice et, après avoir baisé l'astérisque, le dépose sur l'iliton (corporal).
2. Cf. note 1, page suivante.
3. Cf. note 4, page suivante.
4. Fol. 23 verso commence ici.
5. Ici finirait, d'après D. Paul Cagin, la partie Théologique. C'est alors que commencerait la partie Christologique qui amène le *Qui pridie* (*loc.*

SAINT BASILE	TRADUCTION
δυαὶ πετόμενα,	se couvrent la face, de deux les pieds et de deux ils volent;
8 κέκραγεν ἕτερον[1] πρὸς τὸ ἕτερον ἀκαταπαύστοις στόμασιν, ἀσιγήτοις δοξολογίαις τὸν[2] ἐπινίκιον ὕμνον ᾄδοντα, βοῶντα, κεκραγότα καὶ λέγοντα·	ils se lancent les uns aux autres de leurs lèvres infatigables en louange perpétuelle l'hymne de la victoire qu'ils chantent, qu'ils proclament, qu'ils crient, disant :

SANCTUS.

9 Ἅγιος, ἅγιος, ἅγιος, Κύριος Σαβαώθ· πληρὴς ὁ οὐρανὸς καὶ ἡ γῆ τῆς δόξης[3] Σου.	Saint, Saint, Saint, Seigneur des armées; le ciel est plein comme la terre de votre gloire.
Ὡσαννὰ ἐν τοῖς ὑψίστοις· εὐλογημένος ὁ ἐρχόμενος ἐν ὀνόματι Κυρίου· Ὡσαννὰ ὁ ἐν τοῖς ὑψίστοις[4].	Hosanna au plus haut des cieux. Béni Celui qui vient au nom du Seigneur. Hosanna au plus haut des cieux.

ANAPHORE GALLICANE

8 sine cessatione proclamant, dicentes : **9** Sanctus, Sanctus, Sanctus, Dominus Deus sabaoth. Pleni sunt caeli et terra gloria majestatis tuae. Osanna Filio David, Osanna in excelsis. Benedictus qui venit in nomine Domini, Osanna in excelsis.

---

1. *Is.* VI, 2, 3.
2. Cf. note 1, page précédente.
3. *Is.* VI, 2, 3.
4. *Matt.* XXI, 9.

TRADUCTION — SAINT JEAN CHRYSOSTOME

II. EUCHARISTIE

(CANON.)

Œuvres de Dieu le Père.

Avec ces Puissances bienheureuses, nous aussi, Seigneur ami des hommes, nous crions et disons :

10 Μετὰ [1] τούτων καὶ ἡμεῖς τῶν μακαρίων [2] Δυνάμεων, Δέσποτα φιλάνθρωπε, βοῶμεν, καὶ λέγομεν·

Vous êtes saint et tout à fait saint, Vous et Votre Fils unique et Votre Esprit-Saint. Vous êtes saint et tout à fait saint et Votre

11 Ἅγιος εἶ καὶ πανάγιος, Σὺ καὶ ὁ μονογενής Σου Υἱός, καὶ τὸ Πνεῦμά Σου τὸ Ἅγιον. Ἅγιος εἶ καὶ πανάγιος, καὶ μεγαλοπρεπὴς

ANAPHORE ROMAINE

CANON : **10** Benedictus qui venit de caelis [3].

---

cit., p. 32). D'après cet auteur, le *Sanctus* serait une ajoute postérieure (p. 170), bien que depuis de longs siècles (au moins depuis le IVe) on ne trouve pas une liturgie où il ne soit inséré. Peut-être était-ce un chant du peuple que l'on a intercalé dans le texte même, comme il est arrivé quelquefois. On sait qu'avant l'année 128, d'après le Liber Pontificalis, le *Sanctus* a été inséré au canon.

1. Cf. note 1, page suivante.
2. Ce mot n'est pas dans le texte du VIIIe siècle.
3. Voir la suite de cette anaphore page 36. Alors devait suivre une action de grâces pour la Rédemption. Cf. Baumstark : *Liturgia Romana e Liturgia dell' Esarcato*, p. 181. Dans les Missels Ambrosien et Mozarabe, nous trouvons les deux textes suivants (le *Post sanctus* de la liturgie mozarabe change à chaque fête comme du reste le gallican) :

Missel Mozarabe (*P. L.*, t. LXXXV, col. 189), *Post sanctus :* Vere sanctus, vere benedictus Dñus noster Jesus Christus Filius tuus qui venit

Missel Ambrosien (Canon du Samedi St) : [Te igitur... sacrificia illibata.] Vere sanctus, vere benedictus Dominus noster Jesus Christus Filius

SAINT BASILE — TRADUCTION

II. EUCHARISTIE

(CANON.)

Œuvres de Dieu le Père.

10 Μετὰ[1] τούτων τῶν μακαρίων Δυνάμεων, Δέσποτα φιλάνθρωπε, καὶ ἡμεῖς οἱ ἁμαρτωλοὶ βοῶμεν καὶ λέγομεν·

11 Ἅγιος εἶ, ὡς ἀληθῶς, καὶ πανάγιος, καὶ οὐκ ἔστι μέτρον τῇ μεγαλοπρεπείᾳ τῆς ἁγιωσύνης Σου[2], καὶ ὅσιος ἐν πᾶσι τοῖς ἔργοις[3] Σου, ὅτι ἐν δικαιοσύνῃ καὶ κρίσει ἀληθινῇ πάντα ἐπήγαγες ἡμῖν[4].

Avec ces Puissances bienheureuses, Seigneur ami des hommes, nous aussi pécheurs nous crions et nous disons : Vous êtes en vérité saint et tout à fait saint, et il n'y a pas de mesure à la magnificence de votre sainteté, et Vous êtes juste dans toutes vos œuvres, parce qu'en tout Vous nous avez traités selon la justice et le vrai jugement.

ANAPHORE GALLICANE

— *Collectio* Post sanctus : **11** [Vere sanctus[5] et] benedictus Deus et clementi proposito pro eradicandis mortalitatis nostrae facinoribus illatis[6]

---

1. Le Prêtre, qui s'est relevé depuis l'Ἐκφώνησις précédente, s'incline de nouveau pour cette prière. — 2. *Ps.* CXLIV, 5. — 3. *Ps.* CXLIV, 14.

4. *Dan.* III, 28,31. — La *justice* de Dieu se montre dans la répartition qu'il fait entre ses créatures de ce qui convient à chacune d'elles, selon sa nature, ses besoins, ses mérites ou démérites, etc... Sur toutes ces choses, que l'homme avec ses faibles lumières et préventions intéressées apprécie de façons si diverses et si inexactes, la Sagesse de Dieu porte le *jugement vrai.* L'histoire de la chute originelle, de son châtiment, de sa réparation, le proclame hautement. De plus, elle montre l'alliance en Dieu de la miséricorde avec la justice.

5. Ces mots se trouvent presque toujours dans les messes gallicanes et mozarabes, c'est pour cela que nous les avons ici suppléés.

6. Voir la suite de cette Anaphore, page 37.

TRADUCTION	SAINT JEAN CHRYSOSTOME
gloire est magnifique. Vous qui avez tant aimé le monde que Vous avez fait[2],	ἡ δόξα[1] Σου· ὃς τὸν κόσμον Σου οὕτως ἠγάπησας[3],

ANAPHORE ROMAINE

e caelis ut conversaretur in terris, caro factus est ut habitaret in nobis Christus Dñus ac Redemptor aeternus. tuus qui cum Deus esset majestatis descendit de caelo, formam servi, qui primus perierat, suscepit, et sponte pati dignatus est, ut eum quem ipse fecerat, de morte liberaret. Unde et hoc paschale sacrificium tibi offerimus, his quoque... (Memento des vivants).

On retrouve ailleurs les parties suivantes avant le *Qui pridie : Benedictus qui venit de caelis ut conversaretur in terris, caro factus est — ipse enim qui pridie.* Cf. D. P. Cagin, *loc. cit.*, p. 108. P. 42, le savant moine de Solesmes s'exprime de façon que l'on pourrait croire qu'au Samedi S[t] le *Vere sanctus* suit le *Sanctus* et précède immédiatement le *Qui pridie* dans la liturgie ambrosienne moderne : ce n'est évidemment pas ce qu'il a voulu dire, car ce serait inexact.

1. II. *Petr.* I, 17.

2. Et qui par conséquent est vôtre.

3. Ces cinq mots de l'anaphore de saint Jean Chrysostome semblent résumer tout ce que dit celle de saint Basile. Dans cette dernière, tout ce qui a trait à l'œuvre de Dieu en général pourrait aussi bien venir avant le *Sanctus*, si l'on admettait l'opinion de D. Paul Cagin que ce qui suit le Trisagion n'est que la partie Christologique, la partie proprement chrétienne. Le reste est une adaptation, en quelque sorte, de la liturgie juive de la Pâque où l'on commémorait les bienfaits de Dieu envers son peuple : le christianisme y aurait ajouté ceux de Notre-Seigneur Jésus-Christ dans le *Post sanctus*. Voir la suite page 36.

SAINT BASILE

A Πλάσας[1] γὰρ τὸν ἄνθρωπον, χοῦν λαβὼν ἀπὸ τῆς γῆς[2], καὶ εἰκόνι τῇ σῇ, ὁ Θεός, τιμήσας, τέθεικας αὐτὸν ἐν τῷ Παραδείσῳ τῆς τρυφῆς[3], ἀθανασίαν ζωῆς, καὶ ἀπόλαυσιν αἰωνίων ἀγαθῶν, ἐν τῇ τηρήσει[4] τῶν ἐντολῶν Σου, ἐπαγγειλάμενος αὐτῷ·

B ἀλλὰ παρακούσαντα Σοῦ τοῦ ἀληθινοῦ Θεοῦ, τοῦ κτίσαντος αὐτόν, καὶ τῇ ἀπάτῃ[5] τοῦ ὄφεως ὑπαχθέντα, νεκρωθέντα τε[6] τοῖς οἰκείοις αὐτοῦ παραπτώμασιν, ἐξώρισας αὐτὸν ἐν τῇ δικαιοκρισίᾳ Σου, ὁ Θεός, ἐκ τοῦ Παραδείσου εἰς τὸν κόσμον τοῦτον, καὶ ἀπέστρεψας[7] εἰς τὴν γῆν, ἐξ ἧς ἐλήφθη[8], οἰκονομῶν αὐτῷ τὴν ἐκ παλιγγενεσίας σωτηρίαν τὴν ἐν αὐτῷ τῷ Χριστῷ Σου.

TRADUCTION

En effet, Vous avez formé l'homme en prenant du limon de la terre, et Vous l'avez, ô Dieu, honoré de votre ressemblance et mis dans le jardin de délices après lui avoir promis une vie immortelle et la jouissance des biens éternels, s'il observait vos commandements.

Mais, comme il Vous désobéit, à Vous, son vrai Dieu, son Créateur, et que, trompé par le serpent[5], il a été condamné à la mort par ses propres fautes, Vous l'avez chassé du Paradis dans votre juste jugement, ô Dieu, et l'avez exilé en ce monde, et Vous l'avez fait retourner à la terre d'où il fut tiré[7], tout en lui préparant le salut et la régénération qui est dans votre Christ même.

ANAPHORE GALLICANE

---

1. Cf. note 3, page précédente.
2. *Gen.* II, 7. — *Job*, XXXVIII, 14.
3. *Gen.* II, 8.
4. Ἐν τῇ τηρήσει. Hébraïsme. Régulièrement il ne devrait y avoir ici que le simple datif de moyen.
5. Allusion au texte de la Genèse : *Vous ne mourrez point*, que le serpent dit à Ève en la tentant.
6. Au VIIIe et IXe siècle il y a ici : αὐτόν, intercalé.
7. C'est-à-dire : *Il avait été tiré de la terre, vous l'y renvoyez en l'obligeant à la travailler.*
8. *Gen.* III, 19, 23.

TRADUCTION SAINT JEAN CHRYSOSTOME

ANAPHORE ROMAINE

SAINT BASILE

C Οὐ γὰρ ἀπεστράφης τὸ πλάσμα Σου εἰς τέλος[1] ὃ ἐποίησας, Ἀγαθὲ, οὐδὲ ἐπελάθου ἔργου χειρῶν Σου[2], ἀλλ' ἐπεσκέψω πολυτρόπως[3] διὰ σπλάγχνα[4] ἐλέους[5] Σου. Προφήτας ἐξαπέστειλας· ἐποίησας δυνάμεις διὰ τῶν Ἁγίων Σου, τῶν καθ' ἑκάστην γενεὰν[6] εὐαρεστησάντων[7] Σοι·

D ἐλάλησας ἡμῖν διὰ στόματος τῶν δούλων Σου τῶν προφητῶν[8] προκαταγγέλλων[9] ἡμῖν, τὴν μέλλουσαν ἔσεσθαι σωτηρίαν· νόμον ἔδωκας εἰς βοήθειαν·[10] Ἀγγέλους ἐπέστησας φύλακας.

TRADUCTION

Car Vous ne Vous êtes pas détourné pour toujours de l'ouvrage que Vous avez fait, ô Dieu bon, et Vous n'avez pas oublié le travail de vos mains, mais Vous l'avez visité de diverses manières à cause de votre cœur[4] miséricordieux. Vous avez envoyé des Prophètes; Vous avez fait des prodiges par vos saints, par ceux qui Vous ont plu dans chaque génération. Vous nous avez parlé par la bouche de vos serviteurs les Prophètes, nous annonçant d'avance la Rédemption qui devait venir; Vous nous avez donné la Loi comme un secours; Vous avez constitué les Anges nos gardiens.

ANAPHORE GALLICANE

1. *Dan.* III, 34.
2. *Ps.* CXXXVII, 8.
3. *Heb.* I, 1.
4. Σπλάγχνα signifie proprement *entrailles*. Cf. *Philipp.* II, 1, et *viscera misericordiae Dei nostri*. Cependant, il semble que cette tournure grecque soit exactement rendue par la traduction proposée.
5. *Luc.* I, 78.
6. Au VIIIe et IXe siècle : γενεὰν καὶ γενεάν. *Esth.* IX, 28.
7. *Gen.* V, 22-24.
8. *Luc.* I, 70.
9. *Act.* III, 18.
10. *Is.* VIII, 20.

TRADUCTION	SAINT JEAN CHRYSOSTOME
Œuvres de Dieu le Fils.	
que Vous lui avez donné votre Fils unique,	**12** ὥστε τὸν μονογενῆ Σου Υἱὸν δοῦναι [1],

ANAPHORE ROMAINE[2]

12 ut **A** conversaretur in terris, **B** homo factus est ut delicta deleret[3]

---

1. Voir la suite page 42.
2. Voir page 30 ce qui précède.
3. Voir la suite page 42.

SAINT BASILE	TRADUCTION

Œuvres de Dieu le Fils.

12 Ὅτε δὲ ἦλθε τὸ πλήρωμα τῶν καιρῶν [1], ἐλάλησας ἡμῖν ἐν αὐτῷ τῷ Υἱῷ Σου, δι' οὗ καὶ τοὺς αἰῶνας ἐποίησας. Ὅς ὢν ἀπαύγασμα τῆς δόξης Σου, καὶ χαρακτὴρ τῆς ὑποστάσεώς Σου, φέρων τε τὰ πάντα τῷ ῥήματι τῆς δυνάμεως αὐτοῦ [2], οὐχ ἁρπαγμὸν ἡγήσατο τὸ εἶναι ἴσα Σοὶ τῷ Θεῷ [3] καὶ Πατρί, ἀλλὰ, Θεὸς ὢν προαιώνιος, ἐπὶ τῆς γῆς ὤφθη, **A** καὶ τοῖς ἀνθρώποις συνανεστράφη [4]·

σαρκωθεὶς, ἐκένωσεν ἑαυτὸν, μορφὴν δούλου λαβὼν [5], σύμμορφος [6] γενό-

Puis, lorsque est venue la plénitude des temps, Vous nous avez parlé par votre Fils même, par qui Vous avez fait les siècles. Comme Il était le rayonnement de votre gloire et l'empreinte de votre substance, qu'Il soutenait toutes choses par la parole de sa puissance, Il n'estimait pas une usurpation son égalité avec Vous Dieu le Père, mais, bien qu'Il fût Dieu dès avant les siècles, Il apparut sur la terre et vécut parmi les hommes, et, s'étant incarné d'une Vierge sainte, il s'anéantit lui-même, prenant l'apparence

ANAPHORE GALLICANE [7]

12 Ipse etiam Unigenitus **A** pro parte qua caro factus est, **B** habitus est mortalis ultro se subdens ludibriis [8]

---

1. *Gal.* IV, 4. C'est à peu près à ce moment que commence la partie proprement christologique. Qu'on remarque cependant comme tout dans cette admirable anaphore s'enchaîne logiquement.
2. *Hebr.* I, 2, 3. — 3. *Philipp.* II, 6. — 4. *Bar.* III, 37.
5. *Philipp.* II, 7.
6. On n'a pas employé de conjonction à cet endroit, parce que, dans la pensée de l'auteur, γενόμενος est subordonné à λαβών. C'est la figure appelée asyndète ou disjonction. Γενόμενος exprime le but et fait mieux paraître la condescendance de Notre-Seigneur Jésus-Christ qui a pris la forme d'esclave pour devenir semblable à nous. A noter dans toute cette partie de l'anaphore basilienne l'abondance d'allusions et de textes bibliques.
7. Voir page 31 ce qui précède — 8. Voir la suite page 43.

TRADUCTION SAINT JEAN CHRYSOSTOME

ANAPHORE ROMAINE

SAINT BASILE

μενος τῷ σώματι τῆς ταπεινώσεως ἡμῶν [1], ἵνα ἡμᾶς συμμόρφους ποιήσῃ τῆς εἰκόνος [2] τῆς δόξης αὐτοῦ.

Ἐπειδὴ γὰρ δι' ἀνθρώπου ἡ ἁμαρτία εἰσῆλθεν εἰς τὸν κόσμον, καὶ διὰ τῆς ἁμαρτίας ὁ θάνατος [3], ηὐδόκησεν ὁ μονογενής Σου Υἱός, ὁ ὢν ἐν τοῖς κόλποις Σοῦ τοῦ Θεοῦ καὶ Πατρὸς [4], γενόμενος ἐκ γυναικός, τῆς ἁγίας Θεοτόκου καὶ ἀειπαρθένου Μαρίας, γενόμενος ὑπὸ νόμον [5], κατακρῖναι τὴν ἁμαρτίαν ἐν τῇ σαρκὶ αὐτοῦ [6]· ἵνα οἱ ἐν τῷ Ἀδὰμ ἀποθνήσκοντες, ζωοποιηθῶσιν, ἐν αὐτῷ τῷ Χριστῷ Σου [7]· καὶ ἐμπολιτευσάμενος [8] τῷ κόσμῳ

TRADUCTION

d'esclave et devenant semblable à la bassesse de notre nature corporelle, afin de nous faire semblables à l'image de sa gloire.

Puisque, en effet, c'est par un homme que le péché est entré dans le monde, et par le péché la mort, Votre Fils unique, Lui qui est dans votre sein, ô Dieu le Père, s'est complu à naître d'une femme, de la sainte Mère de Dieu et toujours Vierge, Marie, à venir sous la Loi et ainsi à condamner le péché dans sa chair, afin que ceux qui mouraient en Adam fussent vivifiés dans votre Christ même; et, après être venu dans ce

1. *Philipp.* III, 21. Le Fils de Dieu est apparu sous la forme de notre chair humiliée pour nous refaire sur le modèle de sa gloire. Cette assimilation du Fils de Dieu à l'homme pécheur, méritoire de l'assimilation de l'homme pécheur à Dieu, est une idée-mère de l'économie de la Rédemption. Elle se retrouve avec mainte application de circonstances dans les Epîtres de saint Paul.

2. *Rom.* VIII, 29. — 3. *Rom.* V, 12. — 4. *Joan.* I, 18.

5. *Gal.* IV, 4.

6. *Rom.* VIII, 3. L'empire que le péché exerçait légitimement par la mort sur la chair de l'homme coupable a été condamné à la ruine le jour où, par une usurpation sacrilège, il s'est exercé sur la chair *innocente* du Christ. L'empire qu'il exerçait sur l'âme dépouillée de la justice originelle a été détruit par la grâce, que la mort du Christ a méritée aux hommes.

7. I *Cor.* XV, 22.

8. Tous ces participes : ἐμπολιτευσάμενος..., κτησάμενος..., dépendent de προσήγαγε.

TRADUCTION	SAINT JEAN CHRYSOSTOME

ANAPHORE ROMAINE

SAINT BASILE

τούτῳ, δοὺς προστάγματα σωτηρίας, ἀποστήσας ἡμᾶς τῆς πλάνης τῶν εἰδώλων, προσήγαγε τῇ ἐπιγνώσει Σοῦ τοῦ ἀληθινοῦ Θεοῦ[1] καὶ Πατρός, κτησάμενος ἡμᾶς ἑαυτῷ λαὸν περιούσιον[2], βασίλειον ἱεράτευμα, ἔθνος ἅγιον[3]· καὶ καθαρίσας[4] ἐν ὕδατι, καὶ ἁγιάσας[5] τῷ Πνεύματι τῷ Ἁγίῳ[6],

TRADUCTION

monde, nous avoir donné les préceptes du salut, nous avoir éloignés de l'erreur des idoles, Il nous a conduits à Vous connaître, Vous, vrai Dieu le Père, en nous acquérant à Lui-même comme son peuple à Lui, sacerdoce royal, race sainte; puis, nous ayant purifiés dans l'eau et sanctifiés par l'Esprit-Saint,

ANAPHORE GALLICANE

---

1. *Coloss.* I, 10. — *Joann.* XVII, 3.

2. Λαὸς περιούσιος. Expression biblique que l'on retrouve quelquefois. D'après Suidas, viendrait de περιεῖναι et signifierait : *remarquable, précieux, qui surpasse les autres.* Le ỳ 14 du chapitre second de l'Epître à Tite, où on trouve ces mots, est ainsi interprété par saint Jean Chrysostome (*Homélie* V *sur cette Epître,* cf. *P. G.*, tom. LXII, col. 690) : Περιούσιος, τουτέστιν, ἐξειλεγμένον, οὐδὲν ἔχοντα κοινὸν πρὸς τοὺς λοιπούς· *peuple choisi, qui n'a rien de commun avec les autres.* Théophylacte, également, dit : Περιούσιος ὁ οἰκεῖος, ἐκ μεταφορᾶς τῶν περὶ τὴν οὐσίαν καὶ τὸν πλοῦτον τοῦ δεσπότου στρεφομένων οἰκέτων, οἷον, ἐξειλεγμένον, ἐξαίρετον, οὐδὲν ἔχοντα κοινὸν πρὸς τοὺς λοιπούς, *particulier*, dit par métaphore des domestiques qui s'occupent des (περὶ) possessions (οὐσίαν) et des richesses du maître, c'est équivalent à *choisi, excellent, n'ayant rien de commun avec les autres.* Théodoret interprète simplement : λαὸν οἰκεῖον, *peuple particulier (à lui).* C'est également le sens adopté par M. Crampon dans sa traduction de la Bible, et que nous avons reproduit ici.

3. I *Petr.* II, 9. Nous sommes vraiment le peuple de Celui qui nous a rachetés de son sang. Nous participons à son sacerdoce, les uns à titre actif, les autres à titre passif, et ce sacerdoce, qui est celui du Roi du ciel et de la terre, est un sacerdoce royal. Enfin nous sommes une race sainte : saint Paul appelle les fidèles *saints;* ils le sont par le baptême, par leur vocation ; ils doivent l'être par toute leur vie, dont le terme est la sainteté parfaite.

4. *Eph.* V, 26.

5. Cf. note 6, p. 37. Ici, les participes dépendent de ἔδωκεν, comme plus bas, ils dépendront de ἐγένετο.

6. *Rom.* XV, 16.

TRADUCTION	SAINT JEAN CHRYSOSTOME
afin que quiconque croit en Lui ne périsse pas, mais ait la vie éternelle; ce Fils unique, qui, étant venu, après avoir rempli toute sa mission pour nous,	**C** ἵνα πᾶς ὁ πιστεύων εἰς αὐτὸν μὴ ἀπόληται, ἀλλ' ἔχῃ ζωὴν αἰώνιον[1]· ὅς, ἐλθὼν, καὶ πᾶσαν τὴν ὑπὲρ ἡμῶν οἰκονομίαν πληρώσας,

ANAPHORE ROMAINE

C hostia factus [2] est ut per passionem suam, vitam aeternam credentibus daret[3].

---

1. *Joann.* III, 16.

2. Voici un texte de *Post sanctus* Gallican (Missa dominicalis I du Missel Gothico-Gallican, *P. L.*, t. LXXII, col. 311) très semblable à celui de Stowe : *Vere sanctus, vere benedictus Dominus noster Jesus Christus Filius tuus; qui venit de caelis ut conversaretur in terris; homo factus ut habitaret in nobis; hostia effectus, ut nos faceret sacerdotes. Ipse enim qui* etc. Et encore (*ibid.* col. 317) : *Benedictus qui venit de caelis ut conversaretur in terris, caro factus, ut per passionem suam vitam credentibus daret. Ipse enim*, etc. Voir ce qui précède p. 36.

3. On passe ici le *Te igitur, Hanc igitur, Quam oblationem* qui suivent alors dans le Missel de Stowe mais sont des parties qui semblent n'avoir point gardé leur place primitive dans le canon romain actuel. Dans la prière *Hanc igitur*, S. Grégoire aurait ajouté d'après Baumstark, à partir de : *diesque nostros*, toute la fin de cette oraison. Il suppose que

SAINT BASILE	TRADUCTION
C ἔδωκεν ἑαυτὸν[1] ἀντάλλαγμα[2] τῷ θανάτῳ, ἐν ᾧ κατειχόμεθα[3] πεπραμένοι ὑπὸ τὴν ἁμαρτίαν· καὶ κατελθὼν διὰ τοῦ σταυροῦ εἰς τὸν Ἄιδην, ἵνα πληρώσῃ[4] ἑαυτοῦ τὰ πάντα[5], ἔλυσε τὰς ὀδύνας τοῦ θανάτου[7]· καὶ ἀναστὰς τῇ τρίτῃ ἡμέρᾳ, καὶ ὁδοποιήσας πάσῃ σαρκὶ τὴν ἐκ νεκρῶν ἀνάστασιν, καθότι οὐκ ἦν δυνατὸν κρατεῖσθαι ὑπὸ τῆς φθορᾶς τὸν ἀρχηγὸν τῆς ζωῆς[8], ἐγένετο ἀπαρχὴ τῶν κεκοιμημένων[9], πρωτότοκος ἐκ τῶν νεκρῶν, ἵνα ᾖ αὐτὸς τὰ πάντα ἐν πᾶσι πρωτεύων[10].	il se livra Lui-même en échange à la mort dans laquelle nous étions, vendus que nous étions sous la domination du péché; et, après être descendu par la croix dans l'enfer afin de remplir tout de sa présence[4], Il délia[6] les douleurs de la mort; puis, après être ressuscité le troisième jour et avoir préparé à toute chair la voie de la résurrection des morts, puisqu'il n'était pas possible que l'auteur de la vie fût soumis à la corruption, Il devint les prémices de ceux qui sont ensevelis, le premier-né d'entre les morts, afin qu'en toutes choses et partout Il tienne la première place.

ANAPHORE GALLICANE

C et columna sui corporis dilectionis nostrae ruinas fulciret ac sui casus pondere hostis arma conterens fortiori robore quam Ecclesiam ruiramus (?) erigit, per Dominum etc.

---

1. *Tit.* II, 14.
2. *Matt.* XVI, 26.
3. *Rom.* VII, 6.
4. *Rom.* VII, 14. Pourrait aussi signifier *remplit toute sa mission.* Toutefois ce second sens semble moins grammatical.
5. *Eph.* IV, 10.
6. C'est-à-dire : *Il mit fin aux...*
7. *Act.* II, 24.
8. *Act.* III, 15.
9. I *Cor.* XV, 20.
10. *Coloss.* I, 18. Jésus-Christ, par sa présence dans les limbes, brise les liens des captifs de la mort. Il ressuscite, son âme s'étant réunie à son

TRADUCTION	SAINT JEAN CHRYSOSTOME
INSTITUTION.	
la nuit où *Il fut livré*, ou mieux où Il se livra Lui-même pour la vie du monde, ayant pris du pain dans ses mains saintes, pures et immaculées, ayant rendu grâces, et l'ayant	**13** τῇ νυκτὶ ῇ παρεδίδοτο[1], μᾶλλον δὲ ἑαυτὸν παρεδίδου[2] ὑπὲρ τῆς τοῦ κόσμου ζωῆς[3], **14** λαβὼν ἄρτον[4] ἐν ταῖς ἁγίαις αὐτοῦ καὶ ἀχράντοις, καὶ ἀμωμήτοις χερσίν, **15 C** εὐχαριστήσας[5], καὶ εὐλογή-

ANAPHORE ROMAINE

13 Qui[6], pridie quam pateretur, **14** accepit panem in sanctas ac venerabiles manus suas, elevatis oculis suis ad caelum, et ad Te Deum Patrem suum omnipotentem, **15** Tibi

---

primitivement il y avait à la place de cette adjonction une prière d'intercession de caractère général. Pour lui, la place actuelle du *Hanc igitur* serait bien la place primitive (Cf. *Liturgia Romana e dell' Esarcato*, p. 111). Mais dans la liturgie romaine ce serait le Canon Léonien qui aurait fait passer à Rome (S. Léon Pape de 440 à 461) cette prière modifiée plus tard par S. Grégoire. D. P. Cagin au contraire (*l. c*., p. 17 et 61) fait passer le *Hanc igitur* avant la Préface, parmi les Secrètes.

1. I *Cor*. II, 23. Ce dernier mot ne se trouve pas au IXe siècle, on a seulement : τῇ νυκτὶ ῇ παρεδίδου ἑαυτόν.

2. *Eph*. V, 2. — 3. *Joan*. VI, 51. — 4. Le Prêtre prend le δίσκος (patène), qui contient le pain consacré, dans ses mains. Cf. I *Cor*. XI, 23, et *Luc*. XXII, 19, et *Matt*. XXVI, 26. — 5. *Luc*. XXII, 19. — 6. *Loc. cit*. fol. 27r, et 28r, etc.

SAINT BASILE	TRADUCTION
καὶ ἀνελθὼν εἰς τοὺς οὐρανοὺς, ἐκάθισεν ἐν δεξιᾷ τῆς μεγαλωσύνης Σου ἐν ὑψηλοῖς[1], ὃς καὶ ἥξει[2] ἀποδοῦναι ἑκάστῳ κατὰ τὰ ἔργα αὐτοῦ[3]. Κατέλιπε δὲ ἡμῖν ὑπομνήματα τοῦ σωτηρίου αὐτοῦ πάθους ταῦτα, ἃ προτεθείκαμεν ἐνώπιόν Σου, κατὰ τὰς αὐτοῦ ἐντολάς.	Et, étant monté aux cieux, Il s'est assis dans la gloire de votre majesté au plus haut, et Lui aussi Il viendra rétribuer chacun selon ses œuvres. Or, Il nous a laissé ces souvenirs de sa passion salutaire, que nous avons déposés devant Vous selon son commandement.
D Μέλλων γὰρ ἐξιέναι ἐπὶ τὸν ἑκούσιον, καὶ ἀοίδιμον καὶ ζωοποιὸν αὐτοῦ θάνατον,	En effet, comme Il était sur le point d'aller à sa volontaire, mémorable et vivifiante mort,

INSTITUTION.

13 τῇ νυκτὶ ᾗ παρεδίδου ἑαυτὸν[4] ὑπὲρ τῆς τοῦ κόσμου ζωῆς[5], **14** λαβὼν ἄρτον[6] ἐπὶ τῶν ἁγίων αὐτοῦ καὶ ἀχράντων χειρῶν, **15** καὶ **B** ἀναδείξας Σοὶ τῷ Θεῷ καὶ Πατρὶ, **C** εὐχαριστήσας[7], εὐλογήσας[8],	la nuit où Il se livra lui-même pour la vie du monde, ayant pris du pain dans ses mains saintes et immaculées, l'ayant élevé vers Vous Dieu le Père, ayant rendu grâces, l'ayant béni,

ANAPHORE GALLICANE[9]

Dominus noster Jesus Christus **13** in qua nocte tradebatur, **14** accepit panem **15** et benedixit **C** et gratias egit ac fregit,

---

corps que la corruption ne pouvait atteindre. Il est ainsi la première victime arrachée aux horreurs du tombeau. Il est les prémices de la délivrance. Il ouvre une voie où le suivront ses frères d'adoption ; enfin il se montre partout le premier-né de la grande famille dont Dieu est le Père.

1. *Hebr.* I, 3. — 2. *Matt.* XXIV, 50.
3. *Rom.* II, 6. — 4. *Eph.* V, 2.
5. *Joan.* VI, 51.
6. Cf. note 4, page précédente.
7. *Luc.* XXII, 19. — 8. Cf. note 1, page 46.
9. Nous donnons ici le texte Mozarabe puisque aucun texte Gallican ne nous a jusqu'à ce jour révélé la *Missa secreta* de nos Pères. Voici, pour

TRADUCTION

béni, sanctifié et rompu, Il le donna à ses saints Disciples et Apôtres en disant :

Prenez, mangez, ceci est mon Corps qui pour vous est rompu, pour la rémission des péchés. (Amen.)

SAINT JEAN CHRYSOSTOME

σας[1], ἁγιάσας, κλάσας, ἔδωκε τοῖς ἁγίοις αὐτοῦ Μαθηταῖς καὶ Ἀποστόλοις εἰπών[2].

16 Λάβετε, φάγετε, τοῦτό Μού ἐστι τὸ Σῶμα[3], τὸ ὑπὲρ ὑμῶν κλώμενον, εἰς ἄφεσιν ἁμαρτιῶν. (Ἀμήν.)[4]

ANAPHORE ROMAINE

gratias egit, benedixit, fregit, dedit Discipulis suis, dicens :
16 Accipite et manducate ex hoc omnes : hoc est enim Corpus

---

1. Le Prêtre dépose la patène sur l'εἰλητόν (corporal), la touche de la main gauche, bénit le pain de la main droite et continue l'Anaphore en tenant la main droite dans la position de bénir. C'est une imposition des mains comme au : *Hanc igitur*. Cf. *Matt.* XXVI, 26. Aux VIIIe et IXe siècles les 3 mots suivants ne se trouvent pas dans le texte grec : on a à leur place : ἔκλασεν καὶ ἔδωκεν.
2. Cf. note 1, page 47.
3. Aux VIIIe et IXe siècle on a : τοῦτό ἐστι τὸ Σῶμά μου.
4. Réponse du chœur. — Après cette réponse, on retrouve, au moins au XVIe siècle, une autre rubrique également disparue, disant : Ὁ δὲ διάκονος ἁπτόμενος τοῦ ἰδίου ὠραρίου, δείκνυσι σὺν τῷ ἱερεῖ καὶ αὐτὸς τὸν ἅγιον δίσκον· ὁμοίως καὶ τοῦ ἁγίου ποτηρίου. Ὡσαύτως καὶ ὅταν ἀναφωνεῖ ὁ ἱερεύς· Τὰ σὰ ἐκ τῶν σῶν κτλ. *Quant au Diacre, tenant son étole, il montre avec le Prêtre le saint* δίσκος. *De même aussi pour le saint calice. Il le fait encore lorsque le Prêtre élève la voix pour dire : « En tout et pour tout, etc. »*. Si dans les manuscrits du IXe siècle on ne trouve pas déjà ces rubriques, on n'en peut tirer aucune conclusion : on sait, en effet, qu'à cette époque le texte à peu près seul était écrit, et que les rubriques — quand elles étaient écrites — étaient très abrégées. Plusieurs éditions de Venise ou de Constantinople (le Ἱερατικόν déjà cité ne l'a pas) contiennent une note pour expliquer que la consécration n'a pas lieu à ce moment : y a-t-il donc doute pour les schismatiques?

SAINT BASILE	TRADUCTION
ἁγιάσας, κλάσας[1], ἔδωκε τοῖς ἁγίοις αὐτοῦ Μαθηταῖς καὶ Ἀποστόλοις εἰπών· **16** Λάβετε, φάγετε, τοῦτό Μού ἐστι τὸ Σῶμα, τὸ ὑπὲρ ὑμῶν κλώμενον, εἰς ἄφεσιν ἁμαρτιῶν. (Ἀμήν.)[2]	sanctifié et rompu, Il le donna à ses saints Disciples et Apôtres en disant : Prenez, mangez, ceci est mon corps, qui pour vous est rompu pour la rémission des péchés. (Amen.)

ANAPHORE GALLICANE

deditque Discipulis suis dicens : **16** Accipite et manducate :

---

comparer, le texte Ambrosien : *Qui pridie quam pro nostra omniumque salute pateretur, accipiens panem, elevavit oculos ad caelos, ad Te Deum Patrem suum omnipotentem, Tibi gratias agens, benedixit, fregit, deditque Discipulis suis dicens ad eos : Accipite, et manducate ex hoc omnes : Hoc est enim Corpus meum. Simili modo, postquam cenatum est, accipiens Calicem, elevavit oculos ad caelos, ad Te Deum Patrem suum omnipotentem : item Tibi gratias agens, benedixit, tradiditque Discipulis suis dicens ad eos : Accipite et bibite ex eo omnes : Hic est enim Calix Sanguinis mei novi et aeterni testamenti, mysterium fidei, qui pro vobis et pro multis effundetur in remissionem peccatorum. Mandans quoque, et dicens ad eos : Haec quotiescumque feceritis, in meam commemorationem facietis : Mortem meam praedicabitis, Resurrectionem meam annuntiabitis, Adventum meum sperabitis, donec iterum de caelis veniam ad vos.*

1. Le Prêtre chante ce qui suit à haute voix. — A cet endroit, il y avait, au moins jusqu'au XVIe siècle, une rubrique que nous donnerons textuellement à cause de son importance : Ὁ ἱερεὺς κλίνει τὴν κεφαλὴν καὶ αἴρων τὴν δεξιὰν αὐτοῦ μετὰ εὐλαβείας εὐλογεῖ τὸν ἅγιον ἄρτον, ἐκφώνως λέγων· *Le Prêtre incline la tête et, élevant la main droite avec respect, il bénit le saint pain, en disant à haute voix.* Cette rubrique a disparu de l'édition récente du Ἱερατικόν de Constantinople. La même rubrique — *mutatis mutandis* — se répétait pour le calice. Les Grecs schismatiques ont supprimé cette rubrique et celle qui la suit, au moment des discussions sur la forme de la consécration, afin d'ôter leur importance traditionnelle aux paroles de l'institution et d'en reporter toute la force sur l'épiclèse.

2. Réponse du chœur. Après cette réponse, on retrouve, au moins au XVIe siècle, une autre rubrique également disparue, renvoyant à la Liturgie chrysostomienne (cf. page 46, note 4) et disant : Ὅτε ἱερεὺς καὶ ὁ διάκονος τὰ αὐτὰ κἀνταῦθα τῇ τοῦ Χρυσοστόμου.

TRADUCTION	SAINT JEAN CHRYSOSTOME
Pareillement aussi le calice, après avoir soupé, en disant :	**17** Ὁμοίως **A** καὶ τὸ ποτήριον **D** μετὰ τὸ δειπνῆσαι **18** λέγων [1].
Buvez-en tous, ceci est mon Sang, celui de la nouvelle alliance, qui pour vous et pour beaucoup est répandu pour la rémission des péchés. (Amen.)	**A** Πίετε ἐξ αὐτοῦ πάντες, **a** τοῦτό ἐστι τὸ Αἷμά Μου, τὸ τῆς καινῆς Διαθήκης, τὸ ὑπὲρ ὑμῶν καὶ πολλῶν ἐκχυνόμενον, **b** εἰς ἄφεσιν ἁμαρτιῶν. (Ἀμήν.) [2].

ANAPHORE ROMAINE

meum. **17** Simili modo, postquam cenatum est, **A** accepit et hunc praeclarum calicem in sanctas ac venerabiles manus suas, **B** item Tibi gratias agens, benedixit **C** dedit Discipulis suis **18** dicens : Accipite et **A** bibite ex hoc omnes, **a** hic est enim calix sancti Sanguinis mei, novi et aeterni testamenti (mysterium fidei) qui pro vobis et pro multis effundetur **b** in remissionem peccatorum.

---

1. Le Prêtre bénit le vin comme il a fait pour le pain.
2. Cf. note 4 de la page 46.

SAINT BASILE

17 Ὁμοίως **A** καὶ τὸ ποτήριον
a ἐκ τοῦ γεννήματος τῆς ἀμπέλου
λαβὼν, **b** κεράσας[1], **B** εὐχα-
ριστήσας, εὐλογήσας[2], ἁγιάσας[3]·
C ἔδωκε τοῖς ἁγίος αὐτοῦ Μαθηταῖς
καὶ Ἀποστόλοις **18** εἰπών· **A** Πίετε
ἐξ αὐτοῦ πάντες, **a** τοῦτό[4] ἐστι
τὸ Αἷμά Μου, τὸ τῆς καινῆς Διαθήκης, τὸ ὑπὲρ ὑμῶν καὶ πολλῶν
ἐκχυνόμενον, **b** εἰς ἄφεσιν ἁμαρτιῶν. (Ἀμήν.)[5]

TRADUCTION

Pareillement ayant pris le calice plein du fruit de la vigne, et ayant fait le mélange[2], rendu grâces, l'ayant béni et sanctifié, Il le donna à ses saints Disciples et Apôtres en disant : Buvez-en tous, ceci est mon sang, celui de la nouvelle alliance, qui pour vous et pour beaucoup est répandu, pour la rémission des péchés. (Amen.)

ANAPHORE GALLICANE[6]

hoc est Corpus meum quod pro vobis tradetur. Hoc facite in meam commemorationem. **17** Similiter **A** et calicem postquam cenavit, **18** dicens : **A a** Hic Calix novum testamentum est quod pro vobis et pro multis effundetur **b** in remissionem peccatorum.

---

1. Ce sens est donné par les classiques : le sens propre de κεράννυμι est : *mêler*. Si l'on adopte ce sens, peut-être est-ce une allusion (à peu près unique, semble-t-il) au mélange de vin et d'eau qui sert pour la consécration. D'autres (par exemple, C. Charon : *Les saintes et divines liturgies*..., p. 88, note) croient qu'il s'agit de l'ancien usage qui consistait à mélanger plusieurs sortes de vin pour en améliorer le goût. Explication qui semble, à première vue, assez étrange.
2. Cf. note 1 page 46.
3. Cf. note 4 page 46.
4. Aux VIIIe et IXe siècle μου se trouve ici et non apres αἷμα. De même les mots : τὸ τῆς καινῆς Διαθήκης, sont absents de cette rédaction plus ancienne.
5. *Marc.* XIV, 22 et seq. — *Matt.* XXVI, 26 et seq. — *Luc.* XXII, 19 et seq. — I *Cor.* XI, 24, 25.
6. Cf. note 9 page 45.

TRADUCTION | SAINT JEAN CHRYSOSTOME

ANAPHORE ROMAINE

B Haec quotiescumque feceritis [1] in mei memoriam facietis, **C** passionem meam praedicabitis, resurrectionem meam annuntiabitis [2], adventum meum sperabitis, donec iterum veniam ad vos de caelis.

1. Cf. note 2 page 51.
2. *Loc. cit.* fol. 28 verso.

SAINT BASILE	TRADUCTION
B Τοῦτο ποιεῖτε [1] εἰς τὴν ἐμὴν ἀνάμνησιν· **C** ὁσάκις γὰρ ἂν ἐσθίητε τὸν ἄρτον τοῦτον καὶ τὸ ποτήριον τοῦτο πίνητε, τὸν ἐμὸν θάνατον καταγγέλλετε, τὴν ἐμὴν ἀνάστασιν ὁμολογεῖτε [2].	Faites ceci en mémoire de moi. Toutes les fois, en effet, que vous mangez ce pain et que vous buvez ce calice, vous annoncez ma mort, vous confessez ma résurrection.

ANAPHORE GALLICANE [3]

B Et hoc facite quotiescumque biberitis in meam commemorationem. **C** Quotiescumque manducaveritis Panem hunc et Calicem istum biberitis, mortem Domini annuntiabitis donec veniat in claritate de caelis. ℟. Amen.

---

1. Le Prêtre dit cette prière à voix basse et incliné.
2. I *Cor.* XI, 25, 26. La mort du Christ est le point central de son œuvre rédemptrice. L'Eucharistie, qui en est le mémorial, est, comme sacrifice et comme sacrement, le centre du culte catholique. L'Eucharistie commémore, et par conséquent proclame la mort du Christ. Mais, par cela même qu'elle Le renferme et L'offre sous les espèces sacramentelles, elle proclame sa résurrection et sa vie inamissible. — Cf. Canon Ambrosien : *Mandans quoque et dicens ad eos : Haec quotiescumque feceritis in meam commemorationem facietis : mortem meam praedicabitis, resurrectionem meam annuntiabitis, adventum meum sperabitis, donec iterum veniam ad vos. Unde et memores...* etc. Ce texte fait immédiatement suite aux paroles de la consécration.
3. Cf. note 9 page 45.

TRADUCTION	SAINT JEAN CHRYSOSTOME

ANAMNÈSE.

Nous souvenant donc de cet ordre salutaire et de tout ce qui a été fait pour nous, de la Croix, du Tombeau, de la Résurrection après trois jours, de l'Ascension au ciel, de son trône à votre droite, du second et glorieux nouvel Avènement,

19 Μεμνημένοι[1] τοίνυν τῆς σωτηρίου ταύτης ἐντολῆς, καὶ πάντων τῶν ὑπὲρ ἡμῶν γεγενημένων,
20 τοῦ Σταυροῦ, τοῦ Τάφου.
21 τῆς τριημέρου Ἀναστάσεως,
22 τῆς εἰς οὐρανοὺς Ἀναβάσεως, τῆς ἐκ δεξιῶν Καθέδρας, τῆς δευτέρας καὶ ἐνδόξου πάλιν Παρουσίας[2],

ANAPHORE ROMAINE

— ANAMNÈSE : Unde et **19** memores sumus, Domine, nos tui servi sed et plebs tua sancta, Christi Filii Tui Domini nostri **20** tam beatae passionis, **21** nec non et ab inferis Resurrectionis, **22** sed et in caelos gloriosae Ascensionis;

---

1. Le Prêtre dit cette prière incliné. Peut-être y avait-il primitivement avant ces mots une transition, tombée depuis, équivalant soit à la phrase précédente de saint Basile, soit au *haec quotiescumque feceritis in Meî memoriam facietis* du Canon latin. Le seul texte du VIIIe siècle que l'on possède jusqu'ici (codex Barberini) ne donne que ce que nous trouvons ici.

2. Le Diacre (ou le Prêtre s'il n'y a pas de Diacre), croisant les mains, prend le calice de la main gauche, le δίσκος de la main droite, et fait le signe de la croix sur l'εἰλητόν, pendant que le Prêtre chante à haute voix ce qui suit.

SAINT BASILE	TRADUCTION
ANAMNÈSE.	
19 Μεμνημένοι οὖν, Δέσποτα, καὶ ἡμεῖς, **20** τῶν σωτηρίων αὐτοῦ παθημάτων, τοῦ ζωοποιοῦ Σταυροῦ, τῆς τριημέρου ταφῆς, **21** τῆς ἐκ νεκρῶν Ἀναστάσεως, **22** τῆς εἰς οὐρανοὺς Ἀνόδου, τῆς ἐκ δεξιῶν Σοῦ τοῦ Θεοῦ καὶ Πατρὸς Καθέδρας, καὶ τῆς ἐνδόξου καὶ φοβερᾶς δευτέρας αὐτοῦ Παρουσίας[1],	Nous souvenant donc, Seigneur, nous aussi, de ses salutaires souffrances, de la Croix vivifiante, du Tombeau où Il demeura trois jours, de la Résurrection d'entre les morts, de l'Entrée au ciel, de son trône à votre droite à Vous, Dieu le Père, et de son second Avènement glorieux et terrible,

ANAPHORE GALLICANE

(*Unde et memores...*)

Post secreta[2] **19** (Cf. textes divers dans Thomasi. Texte donné, voir p. 55).

---

1. Cf. note 2, page précédente.
2. Ou : *Post Mysterium*. Ici nous retrouvons le texte Gallican (des Messes de Mone, *P. L.*, t. CXXXVIII, col. 866-867). Nous en donnons (p. 57) le texte rétabli par le R. P. D. A. Wilmart dans la « *Revue Bénédictine* », 1911, p. 386-387. Voici un autre texte donné par Thomasi, *Opera omnia*, t. VI, p. 336, col. 2 : Post secreta : *Memores gloriosissimi Domini Passionis et ab inferis resurrectionis, offerimus Tibi, Domine, hanc immaculatam hostiam, rationalem hostiam, incruentam hostiam, hunc panem sanctum, et calicem salutarem, obsecrantes ut infundere digneris Spiritum tuum sanctum, edentibus nobis vitam aeternam, regnumque perpetuum conlatura potantibus, Per...*

TRADUCTION	SAINT JEAN CHRYSOSTOME
en tout et pour tout, nous Vous offrons ce qui est à Vous, le tenant de Vous.	**23** τὰ Σὰ[1] ἐκ τῶν Σῶν Σοὶ προσφέρομεν κατὰ πάντα, καὶ διὰ πάντα.
(*Le Chœur.* Nous Vous chantons, nous Vous bénissons, nous Vous remercions, Seigneur, nous Vous prions, ô notre Dieu.)	(Ὁ Χορός· Σὲ[2] ὑμνοῦμεν, Σὲ εὐλογοῦμεν, Σοὶ εὐχαριστοῦμεν, Κύριε, καὶ δεόμεθά Σου, ὁ Θεὸς ἡμῶν.)

Œuvre du Saint-Esprit.

ÉPICLÈSE

Le Pr. Nous Vous offrons	Ὁ Ἱερ. **24** Ἔτι[3]

ANAPHORE ROMAINE

ÉPICLÈSE

23 offerimus praeclarae majestati tuae de tuis donis ac datis, hostiam puram, hostiam sanctam, hostiam immaculatam, panem sanctum vitae aeternae et calicem salutis perpetuae.

24 Supra quae propitio ac sereno vultu respicere digneris, et accepta habere, sicuti accepta habere dignatus es munera pueri Tui justi Abel et sacrificium Patriarchi nostri Abrahae

1. I *Paral.* XXIX, 14.
2. Cf. note 2, page suivante.
3. Le prêtre dit cette prière incliné, cependant s. Jean Chrysostome dans l'Homélie 32 *in cœmeterii appellation.* dit : *Quando sacerdos stat ante sacram mensam* manibus in caelum extensis *invocans Spiritum Sanctum ut adveniat, ut proposita dona contingat, magno quiete, magno silentio...*

SAINT BASILE	TRADUCTION
23 τὰ Σὰ[1] ἐκ τῶν Σῶν Σοὶ προσφέρομεν κατὰ πάντα, καὶ διὰ πάντα.	en tout et pour tout, nous Vous offrons ce qui est à Vous, le tenant de Vous.
(Ὁ Χορός· Σὲ[2] ὑμνοῦμεν, Σὲ εὐλογοῦμεν, Σοὶ εὐχαριστοῦμεν, Κύριε, καὶ δεόμεθά Σου, ὁ Θεὸς ἡμῶν.)	(*Le Chœur :* Nous Vous chantons, nous Vous bénissons, nous Vous remercions, Seigneur, et nous Vous prions, ô notre Dieu.)

Œuvre du Saint-Esprit.

ÉPICLÈSE

Ὁ Ἱερ. **24** Διὰ τοῦτο[3], Δέσποτα πανάγιε, καὶ ἡμεῖς οἱ ἁμαρτωλοὶ καὶ ἀνάξιοι δοῦλοί Σου, οἱ καταξιωθέντες λειτουργεῖν τῷ ἁγίῳ Σου θυσιαστηρίῳ, οὐ διὰ τὰς δικαιοσύνας ἡμῶν[4] (οὐ γὰρ ἐποιήσαμέν τι	*Le Prêtre :* C'est pourquoi, Maître tout à fait saint, nous aussi pécheurs et vos indignes serviteurs, qui avons été jugés dignes de servir à votre saint sanctuaire, non pas à cause de

ANAPHORE GALLICANE

POST SECRETA. **24** Deus Abraham, Deus Isaac, Deus Jacob, Deus et Pater Domini nostri Jesu Christi, Tu de caelis tuis
A propitius afferens hoc sacrificium nostrum indulgentissima

---

1. I *Paral.* XXIX, 14; à rapprocher de ce texte le suivant de saint Ephrem : « *Praebe Deo non tua, ut tibi det quae sunt sua* (S. Ephrem, *De pœnitentia*).
2. Ces mots sont la réponse chantée du chœur à l'acclamation sacerdotale qui précède.
3. Le Prêtre continue incliné.
4. *Dan.* IX, 18.

TRADUCTION	SAINT JEAN CHRYSOSTOME
encore cette adoration raisonnable et non sanglante et nous Vous invoquons, et nous Vous prions et supplions :	**A** προσφέρομέν Σοι τὴν λογικὴν ταύτην καὶ ἀναίμακτον λατρείαν[1], καὶ παρακαλοῦμέν Σε, καὶ δεόμεθα, καὶ ἱκετεύομεν·
Envoyez votre Esprit-Saint sur nous et sur ces dons qui sont là,	**B** Κατάπεμψον τὸ Πνεῦμά Σου τὸ Ἅγιον ἐφ' ἡμᾶς καὶ ἐπὶ τὰ προκείμενα Δῶρα ταῦτα[2],

ANAPHORE ROMAINE

et quod Tibi obtulit summus sacerdos Tuus Melchisedech sanctum sacrificium immaculatam hostiam. [ÉPICLÈSE] Supplices Te rogamus et petimus, omnipotens Deus, jube haec perferri per manus sancti Angeli tui in sublimi altari tuo in

---

1. *Rom.* XII, 1.
2. Le Prêtre et le Diacre disent (depuis le XIIe siècle, à la suite des discussions sur l'Epiclèse, cf. Χρυσοστομικά, pp. 340-342 ; de Meester, *Développement de la liturgie de S. Jean Chrys.*) des prières au S.-Esprit. Ces prières, malheureusement introduites dans l'Εὐχολόγιον de la Propagande, coupent absolument la phrase. On les a introduites en Orient dans le but de faire de l'Epiclèse une chose toute différente de ce qu'elle est. L'édition récente du Ἱερατικόν de Constantinople les a heureusement supprimées. C'eût été une satisfaction pour les érudits de voir la Propagande retourner à la vraie antiquité, pour les théologiens de constater qu'elle ne fournissait pas des armes à ses adversaires, pour les gens de goût de la voir traiter avec élégance une phrase odieusement mutilée par le parti-pris. On ne pourrait en tout cas reprocher à la Propagande qu'une chose, c'est d'avoir confié cette

SAINT BASILE

ἀγαθὸν ἐπὶ τῆς γῆς)· ἀλλὰ διὰ τὰ ἐλέη Σου καὶ τοὺς οἰκτιρμούς Σου, οὓς ἐξέχεας πλουσίως ἐφ' ἡμᾶς[1], θαρροῦντες προσεγγίζομεν τῷ ἁγίῳ Σου θυσιαστηρίῳ,

A καὶ προθέντες τὰ ἀντίτυπα[2] τοῦ ἁγίου Σώματος καὶ Αἵματος τοῦ Χριστοῦ Σου, Σοῦ δεόμεθα, καὶ Σὲ παρακαλοῦμεν, Ἅγιε Ἁγίων, εὐδοκίᾳ τῆς σῆς ἀγαθότητος,

B ἐλθεῖν τὸ Πνεῦμά Σου τὸ Ἅγιον ἐφ' ἡμᾶς[3], καὶ ἐπὶ τὰ προκείμενα Δῶρα ταῦτα, καὶ εὐλογῆσαι αὐτὰ,

TRADUCTION

nos mérites (car nous n'avons rien fait de bon sur la terre), mais à cause de vos miséricordes et de votre compassion que Vous avez abondamment répandues sur nous, nous nous approchons avec confiance de votre saint sanctuaire,

et Vous offrons la réalité[2] du saint corps et du sang de votre Christ, nous Vous prions et nous Vous invoquons, ô Saint des saints, par la condescendance de votre bonté,

que votre Esprit-Saint vienne sur nous et sur ces dons qui sont ici, et qu'Il les bénisse et

ANAPHORE GALLICANE

pietate prosequere. **B** Descendat, Domine, plenitudo Majestatis, Divinitatis, pietatis, virtutis, benedictionis et gloriae tuae super hunc Panem et super hunc Calicem, et fiat nobis legitima Eucharistia in transformatione Corporis et Sanguinis

---

1. *Tit.* III, 5, 6.

2. Ἀντίτυπα a été traduit par *la réalité*. Pour justifier ce sens, cf. S. Grégoire de Naz., Or. VIII, c. 18. *P. G.*, t. XXXV, col. 8090; cf. aussi: *Dict. de théolog. cath.*, fasc. XXXIV, col. 247 : Ἀντίτυπα, chez les Anciens Pères, désigne l'Eucharistie après la consécration. S. Jean Damascène aurait le premier donné un autre sens à ce mot (Art. de S. Salaville). Suicerus (*Thesaurus Eccl.*, t. I, col. 383 et seq.) est aussi du même avis. Allatius (*De Eccl. consensu*, lib. III, cap. XV, sect. 28) également. Comme textes, cf. *Const. Ap.*, lib. V, cap. 24; S. Cyr. Hier., *Catech.* V *myst.* etc. — Τύπον signifie *le symbole*; ἀντίτυπον signifie *la réalité* qui est figurée par le symbole. Ainsi, dans l'Ancien Testament, le sacrifice de Melchisédech est le *type* du sacrifice eucharistique, qui lui-même est l'*antitype* du sacrifice de Melchisédech.

3. *Act.* XIX, 6.

TRADUCTION	SAINT JEAN CHRYSOSTOME
et faites de ce pain-ci le Corps précieux de votre Christ,	καὶ ποίησον τὸν μὲν ἄρτον[1] τοῦτον, τίμιον Σῶμα τοῦ Χριστοῦ Σου[2]·
et de ce qui est dans ce calice le Sang précieux de votre Christ,	τὸ δὲ ἐν τῷ ποτηρίῳ[3] τούτῳ, τίμιον Αἷμα τοῦ Χριστοῦ Σου[4],
Les changeant par votre Saint-Esprit,	μεταβαλὼν[5] τῷ Πνεύματί Σου τῷ Ἁγίῳ[6],

ANAPHORE ROMAINE

édition à des incompétents, chose commune *ultra montes*. Cependant, en ce moment, l'édition Romaine des livres liturgiques grecs s'achève, et cette partie du travail vient d'être confiée à des hommes que leur connaissance du rite byzantin actuel mettra à même de nous donner un travail bien fait. Le Diacre dit : *Bénissez, Seigneur, ce saint pain* : c'est encore une addition postérieure au IXe siècle (probablement du XIIe). Comme on le voit, l'Epiclèse, même dans les anaphores grecques actuellement en usage, n'est point une invocation directe à l'Esprit-Saint : elle s'adresse à Dieu le Père. D'après le Palimpseste de Vérone le texte de l'Épiclèse serait le suivant : *Et petimus* (c'est aussi à Dieu le Père que la prière est adressée) *ut mittas Spiritum tuum sanctum in oblationem sanctae Ecclesiae, in unum congregans des omnibus, qui percipiunt, sanctis in repletionem Spiritus Sancti ad confirmationem fidei in veritate*. C'est bien, on le voit, malgré l'opinion contraire de D. P. Cagin (loc. cit., p. 200 et 210), une véritable Epiclèse que nous donne ce texte vénérable.

1. Le prêtre fait le signe de la croix sur la patène.

2. Le Diacre répond : *Amen;* et dit de nouveau : *Bénissez, Seigneur, ce saint calice* (addition récente). L'Ἀμήν (unique et non triple, comme de nos jours), réponse du Diacre, se trouve déjà à la fin du VIIIe siècle.

3. Le Prêtre fait le signe de la croix sur le Calice.

4. Addition récente de cette phrase dite par le Diacre : *Bénissez, Seigneur, les deux saintes (espèces).*

5. Le Prêtre bénit les deux. Dans l'édition de la Propagande, on a ajouté cette formule dans la Liturgie de saint Basile. C'était l'usage de quelques prêtres, fait remarquer l'édition de Venise; mais cette addition a eu pour résultat de rendre le texte incompréhensible.

6. Le Diacre répond par un triple Ἀμήν. Au VIIIe siècle, il n'y en a qu'un.

SAINT BASILE

καὶ ἁγιάσαι, καὶ ἀναδεῖξαι[1]· τὸν μὲν ἄρτον[2] τοῦτον, αὐτὸ τὸ τίμιον Σῶμα τοῦ Κυρίου καὶ Θεοῦ καὶ Σωτῆρος ἡμῶν Ἰησοῦ Χριστοῦ[3], τὸ δὲ ποτήριον τοῦτο[4], αὐτὸ τὸ τίμιον Αἷμα τοῦ Κυρίου καὶ Θεοῦ καὶ Σωτῆρος ἡμῶν Ἰησοῦ Χριστοῦ, τὸ ἐκχυθὲν ὑπὲρ τῆς κόσμου ζωῆς[5] καὶ σωτηρίας[6]·

TRADUCTION

les sanctifie et les consacre : ce pain-ci, le précieux Corps Lui-même du Seigneur Dieu, notre Sauveur Jésus-Christ, et ce calice-ci, le précieux Sang Lui-même du Seigneur Dieu, Notre Sauveur Jésus-Christ, qui a été répandu pour la vie et le salut du monde;

ANAPHORE GALLICANE

---

1. Marc d'Éphèse (écrivant en 1439) admet deux parties dans la consécration : les paroles de l'institution et l'épiclèse. Le mot qui nous occupe vient de ἀναδείκνυμι et signifie *montrer par quelque effet* (cf. Bellarmin, *De Sacr. Euchar.* IV, c. 14), ou bien *faire : efficere, conficere* (cf. S. Basile, *De Spir. Sanct.*, c. 27). Dans ce sens, on trouve : S. Jean Chrys. Μετὰ τὴν δουλείαν κύριος καὶ σοφὸς ἀνεδείχθη : *après l'esclavage il devint maître et sage.* — Ὁ Ἰακὼϐ δώδεκα πατριαρχῶν πατὴρ ἀνεδείχθη : *Jacob devint le Père des 12 Patriarches;* le sens propre est *montrer en élevant, exposer à tous les regards;* de là : *instituer. élire, inaugurer.* A l'Ἀπόδειπνον (Complies), au milieu de la prière finale à la sainte Vierge, on trouve : καὶ τῶν αὐτοῦ ἐντολῶν ἐργάτην δόκιμον ἀναδείξῃ με· qu'il me *rende*, me *fasse*, fidèle exécuteur de ses commandements. — Plus bas, on trouve : κληρονόμον με ἀποδεικνύουσα : me *rendant* héritier. — S. Salaville (*Diction. de Théol. cath.*, art. *Epiclèse*, col. 195) reconnaît que dans la Liturgie de S. Basile, ἀναδεῖξαι signifie *faire*, et, après Renaudot, Le Brun, etc., qu'il est le correspondant exact du verbe ποιεῖν employé dans les autres formules d'épiclèse. Fondement scripturaire de l'Epiclèse dans le discours de N.-S. après la Cène, cf. S. Jean XV-XVII (S. Salaville, l. c., col. 223-224).
2. Cf. note 1, page précédente.
3. Le Diacre répond : *Amen;* et dit de nouveau : *Bénissez, Seigneur, ce saint calice* (addition récente). L'Ἀμήν, réponse du Diacre, se trouve déjà à la fin du VIIIe siècle.
4. Cf. note 3, page précédente.
5. *Joan.* VI, 52.
6. Le Diacre répond par : Ἀμήν. Entre le XIe et le XVIe siècle, pour rendre l'Epiclèse de la Liturgie de saint Basile plus semblable à celle de saint Jean Chrysostome, on a ajouté là la phrase finale de cette dernière Liturgie : Μεταβαλὼν τῷ πνεύματί Σου τῷ Ἁγίῳ. Ici, cela n'a aucun

TRADUCTION

afin qu'Ils deviennent pour ceux qui les recevront une purification de l'âme, une rémission des péchés, une participation du Saint-Esprit, un accomplissement[2] du royaume des cieux, une confiance assurée en Vous, et non un jugement et une condamnation.

SAINT JEAN CHRYSOSTOME

24 bis ὥστε γενέσθαι τοῖς μεταλαμβάνουσιν εἰς νῆψιν ψυχῆς, εἰς ἄφεσιν ἁμαρτιῶν, εἰς κοινωνίαν τοῦ Ἁγίου Σου Πνεύματος[1], εἰς βασιλείας οὐρανῶν πλήρωμα, εἰς παρρησίαν τὴν πρὸς Σέ, μὴ εἰς κρῖμα ἢ εἰς κατάκριμα[3].

ANAPHORE ROMAINE

conspectu divinae majestatis tuae **24 bis** Ut quotquot ex hoc altari sanctificationis sacrosanctum Filii Tui Corpus et Sanguinem sumpserimus omni benedictione et gratia repleamur[4]...

---

1. II. *Cor.* XIII, 13.
2. C.-à-d. le sceau de l'agrégation au royaume céleste.
3. Cf. note 3, page suivante.
4. Le *Supra quae* et le *Supplices* dans leur teneur actuelle seraient, d'après Baumstark, des prières de l'Église de Ravenne. La vraie Epiclèse romaine serait le *Te igitur* dont une partie aurait disparu (*Liturg. Romana e lit. dell' Esarcato*, passim; cf. tableau, pp. 184 et 185). Le « Quam oblationem » serait peut-être aussi une épiclèse. D. P. Cagin (*Euchologie latine, L'Eucharistia*, p. 18) dit formellement : « L'Epiclèse Romaine est d'ailleurs facile à reconnaître dans les formules qui suivent la consécration (Unde et memores... Supra quae... Supplices) et qui n'ont *jamais quitté* ce siège traditionnel ». Il admet qu'il a pu y avoir Rome plusieurs formules diverses d'Epiclèses.

SAINT BASILE	TRADUCTION
24 bis ἡμᾶς δὲ πάντας, τοὺς ἐκ τοῦ ἑνὸς ἄρτου καὶ τοῦ ποτηρίου μετέχοντας[1], ἑνώσαις ἀλλήλοις εἰς ἑνὸς Πνεύματος Ἁγίου κοινωνίαν[2], καὶ μηδένα ἡμῶν εἰς κρῖμα ἢ εἰς κατάκριμα[3] ποιήσαις μετασχεῖν τοῦ Ἁγίου Σώματος καὶ Αἵματος τοῦ Χριστοῦ Σου·	et nous tous qui participons de cet unique Pain et de ce Calice, unissez-nous les uns aux autres dans la communion d'un même Esprit-Saint, et faites que nul d'entre nous ne participe pour son jugement ou sa condamnation au saint Corps et Sang de votre Christ,

ANAPHORE GALLICANE

Domini : **24** bis ut quicumque et quotiescumque ex hoc Pane et ex hoc Calice libaverimus, sumamus nobis monimentum fidei, sinceritatem dilectionis, tranquillam spem resurrectionis atque immortalitatis aeternae, in tuo, Filiique Tui ac Spiritus Sancti nomine,

---

sens, et l'addition n'a été faite que dans le but de donner à l'Epiclèse un sens conforme aux doctrines que l'on voulait soutenir, mais qu'elle n'a pas en effet.

1. I *Cor.* x, 17.

2. II *Cor.* XIII, 13.

3. Comparez ces nots avec ceux de la 3e prière de préparation à la communion dans la Messe romaine : *Perceptio corporis Tui... non mihi proveniat in judicium et condemnationem.*

TRADUCTION | SAINT JEAN CHRYSOSTOME

III. PARTIE IMPÈTRATOIRE ET PROPITIATOIRE.

PRIÈRES D'INTERCESSION

a) *aux saints.*

Nous Vous offrons aussi cette adoration raisonnable pour honorer[2] ceux qui reposent dans la foi, les Ancêtres, les Pères, les Patriarches, les Prophètes, les Apôtres, les Prédicateurs, les Évangélistes,

25 Ἔτι προσφέρομέν Σοι τὴν λογικὴν ταύτην λατρείαν[1] ὑπὲρ τῶν ἐν πίστει ἀναπαυσαμένων Προπατόρων[3], Πατέρων, Πατριαρχῶν, Προφητῶν, Ἀποστόλων, Κηρύκων, Εὐαγγελιστῶν, Μαρτύρων, Ὁμολογητῶν, Ἐγκρατευτῶν[4], καὶ

ANAPHORE ROMAINE

PRIÈRES[5] D'INTERCESSION.

25 Communicantes et memoriam venerantes. A imprimis[4]

---

1. *Rom.* XII, 1.
2. Dans saint Jean Chrysostome ὑπέρ signifie *pour honorer.* Dans saint Basile, μετὰ signifie *avec*, et là on demande miséricorde et grâce.
3. Cf. note 3, page suivante.
4. Signifie *maître de soi, fort,* par conséquent *continent.* Il s'agit ici de ceux qui ont fait vœu de chasteté, donc des *moines*, seule forme de religieux connue en Orient.
5. D. P. Cagin (*l. c.*) veut prouver que ces prières ne faisaient pas primitivement partie du canon. Ne serait-il pas possible d'élever un doute à ce sujet, en s'appuyant justement sur le raisonnement, de tous points excellent, qu'il fait lui-même pour justifier sa restitution de la 1re partie du canon primitif? Il y aurait bien des probabilités que le canon soit demeuré semblable à lui-même puisque c'est sous cette forme qu'on le retrouve dans *toutes* les liturgies. Or, on peut dire exactement la même chose des prières d'intercession. L'absence de liaison entre ces prières et le « *Per quem haec omnia* » ne pourrait-elle s'expliquer autrement? Le : Καὶ δὸς ἡμῖν des anaphores grecques n'est-il pas une excellente liaison? Le Prêtre vient de prier en dernier lieu pour ceux qui sont présents : ce sont eux qui vont entonner cette doxologie finale : Que Dieu leur donne, d'une seule bouche, de lui dire etc.

SAINT BASILE — TRADUCTION

III. PARTIE IMPÉTRATOIRE ET PROPITIATOIRE

PRIÈRES D'INTERCESSION

a) *aux saints.*

25 ἀλλ' ἵνα εὕρωμεν ἔλεον καὶ χάριν[1] μετὰ πάντων τῶν ἁγίων, τῶν ἀπ' αἰῶνός Σοι εὐαρεστησάντων· Προπατόρων[3], Πατέρων, Πατριαρχῶν, Προφητῶν, Ἀποστόλων, Κηρύκων, Εὐαγγελιστῶν, Μαρτύρων, Ὁμολογητῶν, Διδασκάλων,

mais que nous trouvions la miséricorde et la grâce avec[2] tous les saints qui Vous ont plu en tous temps, avec les Ancêtres, les Pères, les Patriarches, les Prophètes, les Apôtres, les Prédicateurs, les Evangélistes,

ANAPHORE GALLICANE

PRIÈRES D'INTERCESSION.

25 in communionem omnium sanctorum, atque remissionem

1. Admirez combien la transition est parfaitement ménagée entre l'Epiclèse proprement dite et les prières d'intercession.
2. Cf. note 2, page précédente.
3. Titre donné à certains saints dans l'Eglise grecque et différents des πατέρες. Les προπάτερες sont les Ancêtres suivant la chair de N.-S. J.-S., soit ceux d'avant la Loi, soit ceux de la Loi (τῶν πρὸ Νόμου καὶ ἐν Νόμῳ) : ils sont fêtés le dimanche qui est après le 11 décembre (ou ce jour, si c'est un dimanche). Les πατέρες au contraire sont à la fois les saints Docteurs des premiers siècles de l'Eglise (cf. κυριακὴ τῶν πατέρων, Ménées 11 juillet) et les Ancêtres de N.-S., d'Adam jusqu'à saint Joseph (suivant la généalogie de saint Luc) ainsi que les Prophètes (cf. Dimanche avant la Nativité, Ménées 18 décembre).

TRADUCTION	SAINT JEAN CHRYSOSTOME
les Martyrs, les Confesseurs, les Continents et toute âme juste consommée dans la foi;	πάντος πνεύματος δικαίου ἐν πίστει τετελειωμένου[1].
Surtout la toute sainte, immaculée, bénie par-dessus tout, glorieuse Mère de Dieu, notre Dame et toujours Vierge Marie;	**A** Ἐξαιρέτως[2] τῆς παναγίας, ἀχράντου, ὑπερευλογημένης, ἐνδόξου Δεσποίνης ἡμῶν Θεοτόκου, καὶ ἀειπαρθένου Μαρίας[3]·

ANAPHORE ROMAINE

gloriosae semper Virginis Mariae, Genitricis Dei et Domini nostri Jesu Christi;

---

1. *Hebr.* XII, 23.
2. Comparez avec le *Imprimis* de la prière *Communicantes*. Il semble bien, là aussi, que l'Anaphore grecque a mieux gardé la place de cette prière que le Canon Romain. En chantant ces paroles, le Prêtre encense la parcelle mise sur le δίσκος en l'honneur de la Vierge Marie. C'est après cette prière que l'on bénit le pain qui reste des προσφοραί, que l'on distribuera à la fin de la Messe comme Eulogie. On sait que, dans certaines églises, au moins en France, on a conservé la coutume, à certains jours de l'année, de bénir (p. e., le raisin le 6 août) quelques fruits avant le *Per quem haec omnia*. La prière *Te igitur* contient aussi un *imprimis*. A ce propos il convient de remarquer que plusieurs fois les *Post pridie* Mozarabes ne sont qu'une réplique des *Te igitur*, *Memento*, *Communicantes*, *Hanc igitur* et *Quam oblationem* Romains, par exemple : *Liber ordinum* édité par D. M. Férotin, col. 311, lig. 15, Post Pridie d'une « Missa votiva singularis » ; ib., fol. 321-322, « Missa Pluralis » XVII (qui se retrouve presque identique dans le *Liber Mozarabicus Sacramentorum*, col. 641, n° 1440) et, encore dans le *Lib. Moz. Sacr.*, col. 583, n° 1288. Cf. également *Missale Gothico-Gallicanum*, *P. L.*, t. LXXII, col. 280-281, *Post sanctus* des Rogations.
3. Le chœur chante alors l'"Ἄξιόν ἐστιν et le Prêtre continue à voix basse.
4. Ces prières dans le canon Romain actuel se trouvent avant la consécration, entre le Memento des vivants et le *Hanc igitur*. Missel Stowe, *l. c.*, fol. 25ᵛ et 26ᵛ. Voir note 1, page 66.

SAINT BASILE	TRADUCTION
καὶ παντὸς πνεύματος δικαίου ἐν πίστει τετελειωμένου[1]·	les Martyrs, les Confesseurs, les Docteurs et toute âme juste consommée dans la foi;
A Ἐξαιρέτως[2] τῆς παναγίας, ἀχράντου, ὑπερευλογημένης, ἐνδόξου Δεσποίνης ἡμῶν Θεοτόκου, καὶ ἀειπαρθένου Μαρίας[3]·	Surtout avec la toute sainte, immaculée, bénie par-dessus tout, glorieuse Mère de Dieu, notre Dame et toujours Vierge Marie,

ANAPHORE GALLICANE

omnium nostrorum criminum[4]

---

1. *Hebr.* XII, 23.
2. Cf. note 2, page précédente.
3. Le chœur chante un tropaire : ἐπὶ σοὶ χαίρει, κεχαριτωμένη, etc.
4. Comparez avec ce vieux texte Morarabe : *Memorare etiam, quaesumus, Domine, servorum tuorum qui tibi in honore sanctorum Tuorum N. N. accedunt vota sua Deo et vero. Quorum oblationem benedictam. ratam rationabilemque facere digneris, quae est imago et similitudo corporis et sanguinis Jesu Christi Filii tui ac Redemptoris nostri Liber Ordinum*, p. 322). Ou encore :... *ut accipientibus universis legitima sit Eucharistia*. Voir la fin page 73. D'ici là nous donnons divers extraits qui correspondent au texte grec.

TRADUCTION	SAINT JEAN CHRYSOSTOME
saint Jean le Prophète, Précurseur et Baptiste; les saints glorieux et illustres Apôtres; saint N.[1] dont nous faisons la mémoire, et tous vos saints : par leurs prières visitez-nous, ô Dieu.	τοῦ ἁγίου Ἰωάννου, Προφήτου, Προδρόμου καὶ Βαπτιστοῦ· **B** τῶν ἁγίων ἐνδόξων καὶ πανευφήμων Ἀποστόλων· **C** τοῦ ἁγίου[1] τ. δ. οὗ καὶ τὴν μνήμην ἐπιτελοῦμεν, καὶ πάντων Σου τῶν ἁγίων· **D** ὧν ταῖς ἱκεσίαις ἐπίσκεψαι ἡμᾶς ὁ Θεός.

ANAPHORE ROMAINE

B sed et beatorum Apostolorum ac Martyrum tuorum[2], Petri et Pauli, Andreae, Jacobi, Joannis, Thomae, Jacobi, Philippi, Bartholomaei, Mathaei, Simonis et Thaddaei, **C** Lini, Anacleti, Clementis, Xysti, Cornelii, Cypriani, Laurenti, Chrysogoni, Joannis et Pauli, Cosmae et Damiani; et omnium sanctorum tuorum **D** quorum meritis precibusque concedas ut in omnibus protectionis tuae muniamur auxilio.

---

1. Ici on nomme le saint dont on fait la fête. Les lettres τ. δ. signifient τοῦ δεῖνος, *un tel*.

2. Cf. la liturgie de saint Jacques de Jérusalem (probablement le prototype des deux liturgies grecques citées ici) qui donne, après l'Ἐξαιρέτως, une énumération de saints comme le Canon romain. Ce sont saint Jean-Baptiste, les 12 Apôtres, saint Marc et saint Luc, et saint Etienne premier martyr.

SAINT BASILE	TRADUCTION
Τοῦ ἁγίου Ἰωάννου, Προφήτου, Προδρόμου καὶ Βαπτιστοῦ· **B** τῶν ἁγίων ἐνδόξων καὶ πανευφήμων Ἀποστόλων· **C** τοῦ ἁγίου[1] τ. δ. οὗ καὶ τὴν μνήμην ἐπιτελοῦμεν, καὶ πάντων Σου τῶν ἁγίων· **D** ὧν ταῖς ἱκεσίαις ἐπίσκεψαι ἡμᾶς ὁ Θεός.	avec saint Jean le Prophète, Précurseur et Baptiste; avec les saints, glorieux et illustres Apôtres; avec saint N.[1] dont nous faisons la mémoire, et avec tous vos saints : par leurs prières, ô Dieu, jetez les yeux sur nous.

ANAPHORE GALLICANE

1. Ici on nomme le saint dont on fait la fête.

TRADUCTION	SAINT JEAN CHRYSOSTOME
	b) *pour les morts.*
Souvenez-Vous aussi de tous ceux qui sont morts dans l'espérance de la résurrection à la vie éternelle, NN.[1], et faites-les reposer, ô notre Dieu, là où regarde la lumière de votre visage.	**26** Καὶ μνήσθητι πάντων τῶν κεκοιμημένων ἐπ' ἐλπίδι ἀναστάσεως ζωῆς αἰωνίου[1] (ττ. δδ.) καὶ ἀνάπαυσον αὐτοὺς, ὁ Θεὸς ἡμῶν, ὅπου ἐπισκοπεῖ τὸ φῶς τοῦ προσώπου Σου[2].

ANAPHORE ROMAINE

26 *b*) ***Memoire des Morts :*** Memento (etiam)[3] Domine et eorum N. N. qui nos praecesserunt cum signo fidei et dormiunt in somno pacis. Cum omnibus in toto mundo offerentibus sacrificium spiritale Deo Patri et Filio et Spiritui sancto, sanctis ac venerabilibus sacerdotibus, offert senior noster N. Presbyter, pro se et pro suis et pro totius Ecclesiae cœtu Catholicae, et pro commemorando anathletico gradu venerabilium patriarcharum, prophetarum, apostolorum et martyrum et omnium quoque sanctorum ut pro nobis Dominum Deum nostrum exorare dignentur[4] .... (fol. 33r) et omnium (etiam?) pausantium qui nos in dominica pace praecesserunt ab Adam usque

1. Ici le Prêtre commémore les défunts pour lesquels il veut prier. (ττ. δδ. = τῶν δείνων.)

2. *Ps.* IV, 7. Le lieu où brille la lumière du Visage de Dieu, c'est le ciel. La lumière du visage répond, dans l'éternité bienheureuse, où nous verrons Dieu face à face, à la lumière de la foi, par laquelle nous la connaissons ici-bas dans le miroir des créatures, et en énigme dans les données de la révélation (I *Cor.* XIII, 12). L'image du grec se rend difficilement en français : le texte montre à la fois Dieu éclairant les hommes et, par le fait de cette lumière qu'Il répand sur eux, les regardant.

3. Cet *etiam* qui se retrouve aux deux Mementos du Missel de Stowe est encore une indication précieuse. Pour conserver l'ordre des liturgies orientales, nous donnons d'abord le memento des morts (*l. c.*, f. 29rv. — Celui des vivants se trouve fol. 24v et seqq).

4. Suit une liste de noms que nous passons. D'après Mgr Duchesne (*Origines*, p. 212) c'est là un texte tout irlandais.

SAINT BASILE	TRADUCTION

b) *pour les morts.*

26 Καὶ μνήσθητι πάντων τῶν κεκοιμημένων ἐπ' ἐλπίδι ἀναστάσεως ζωῆς αἰωνίου[1] (ττ. δδ.) καὶ ἀνάπαυσον αὐτοὺς ὅπου ἐπισκοπεῖ τὸ φῶς τοῦ προσώπου Σου[2].

Souvenez-Vous aussi de tous ceux qui sont morts dans l'espérance de la résurrection à la vie éternelle, NN.[1], et faites-les reposer là où regarde la lumière de votre visage[2].

ANAPHORE GALLICANE[3]

[**18 B.** Credimus, Domine sancte, Pater aeterne, omnipotens Deus, Jesum Christum Filium tuum Dominum nostrum pro nostra salute incarnatum fuisse, in substantia Deitatis tibi semper esse aequalem. **23** Per quem Te petimus et rogamus, omnipotens Pater, ut accepta habeas et benedicere digneris haec munera et haec sacrificia illibata, **25** quae tibi imprimis offerimus pro tua sancta Ecclesia catholica, quam pacificare digneris per universum orbem terrarum in tua pace diffusam[4].

---

1. Cf. note 1, page précédente.
2. Cf. note 2, page précédente.
3. Puisque aucune des rares oraisons proprement Gallicanes que nous possédons ne nous donne de *Memento,* nous en empruntons un exemple à la liturgie Mozarabe qui lui est si semblable. Il est tiré du *Liber ordinum,* Missa Pluralis XVII, *Post Pridie,* col. 321-322, ou *Liber Mozar. Sacramentorum,* Missa in XV Dominico de Quotidiano, col. 641-642, *Post pridie.* Cf. note 2, page 6.
4. Voici l'ordre des commémoraisons dans les deux Liturgies grecques :

S. J. Chrysostome.	*S. Basile.*
Les morts,	Les morts,
La hiérarchie,	
L'humanité,	
L'Eglise en général,	L'Eglise en général,
	L'Egl. particulière (le Monastère),
	Intentions de ceux qui ont offert,
	Bienfaiteurs,
Moines,	Anachorètes, Ermites, Moines,
Souverains,	Souverains,

TRADUCTION	SAINT JEAN CHRYSOSTOME

c) *pour les vivants* α) *en général.*

Nous Vous invoquons encore : Souvenez-Vous, Sei-	**26*bis* A** Ἔτι παρακαλοῦμέν Σε· μνήσθητι[1], Κύριε, πάσης Ἐπισκοπῆς

ANAPHORE ROMAINE

in hodiernum diem, quorum Deus nomina novit. Ipsis et omnibus in Christo quiescentibus, locum refrigerii (fol. 33v) lucis et pacis ut indulgeas deprecamur.

26 *bis. c*) *De l'Église et des autorités* (fol. 24v) Memento etiam, Domine, famulorum Tuorum N. N. famularumque tuarum et omnium circumadstantium quorum tibi fides cognita est et nota devotio qui tibi offerunt hoc sacrificium laudis pro se suisque omnibus pro redemptione animarum suarum

1. Cette phrase se retrouve dans la Liturgie de saint Basile, après la mémoire du Pape, presque mot pour mot. Il semble qu'ici cela soit ajouté pour laisser au chœur le temps de chanter l'"Ἄξιόν ἐστιν. Il paraît en effet plus logique de faire cette énumération quand il est question de l'Eglise en détail.

SAINT BASILE	TRADUCTION
c) pour les vivants α) en général.	
26 *bis* **A** Ἔτι Σοῦ δεόμεθα· μνήσθητι, Κύριε[1],	Nous Vous prions encore, souvenez-Vous, Seigneur,

ANAPHORE GALLICANE

26 *bis* Memorare etiam, quaesumus, Domine, servorum tuorum

Palais, armée,	Armée, Cour,
	Assistants,
	Hérétiques,
	Possédés,
	Voyageurs,
	Veuves, orphelins,
	Captifs, malades,
	Martyrs,
	Amis et ennemis,
	Recommandations générales,
	Le Monastère, la Ville,
Pape, Patriarches, Evêques,	Pape, Patriarche, Evêque,
Monastère,	
Ville,	
Voyageurs,	
Malades,	
Affligés,	
Captifs,	
Bienfaiteurs,	
Miséricordieux,	Le Prêtre lui-même,
	Les Prêtres,
	Les Diacres,
	Les Ministres,
	Biens de la terre (*Per quem haec omnia*),
Nous tous (*Nobis quoque peccatoribus*).	Nous tous (*Nobis quoque peccatoribus*).

Ce tableau comparatif donne un abrégé qui ne rend pas compte de la longueur relative des textes : la Liturgie de saint Basile est toujours bien plus longue que celle de saint Jean Chrysostome.

1. Voir note précédente (n. 4, p. 69).

TRADUCTION	SAINT JEAN CHRYSOSTOME
gneur, de tout l'Épiscopat des orthodoxes[1], de tous ceux qui ont dispensé avec droiture la parole de votre vérité[2], de tout le Sacerdoce, du Diaconat dans le Christ[3], et de tout Ordre hiérarchique. Nous Vous offrons encore cette adoration raisonnable pour tous les hommes[4],	ὀρθοδόξων, τῶν ὀρθοτομούντων τὸν λόγον τῆς σῆς ἀληθείας[2], παντὸς τοῦ Πρεσβυτερίου, τῆς ἐν Χριστῷ Διακονίας, καὶ παντὸς ἱερατικοῦ Τάγματος. Ἔτι προσφέρομέν Σοι τὴν λογικὴν ταύτην λατρείαν ὑπὲρ τῆς οἰκουμένης[4],
pour la Sainte Église Catholique et Apostolique,	a ὑπὲρ τῆς ἁγίας καθολικῆς καὶ ἀποστολικῆς Ἐκκλησίας·

ANAPHORE ROMAINE

pro stratu[5] seniorum suorum et ministrorum omnium

---

1. *Orthodoxe* signifie, on le sait, qui enseigne, croit la vraie foi, donc catholique, par opposition à hérétique. De ce que les schismatiques s'appliquent ce qualificatif, il ne s'ensuit pas qu'il change de sens.

2. Traduction de M. Crampon. Ὀρθοτομῶ signifie proprement : couper en ligne droite, ou mieux : *recte secare*. Saint Jean Chrysostome le prend en ce sens dans sa Ve Homélie sur la IIe Ep. à Tim. Beaucoup, dit-il en substance, lacèrent la parole de Dieu, lui donnant un sens faux ; aussi l'Apôtre conseille-t-il de retrancher tous ces sens peu conformes à la vérité. Cf. II *Tim.* II, 15 (*P. G.*, t. LXII, col. 626).

3. Dans le sens de : *l'ensemble des prêtres, l'ensemble des diacres*.

4. Mot à mot : *toute la terre habitée*.

5. Ainsi donne Warren : *The Liturgy and ritual of the celtic church*, p. 234.

SAINT BASILE	TRADUCTION
a τῆς ἁγίας καθολικῆς καὶ ἀποστολικῆς Ἐκκλησίας[1], τῆς ἀπὸ περάτων ἕως περάτων τῆς οἰκουμένης[2], καὶ εἰρήνευσον αὐτὴν, ἣν περιεποιήσω τῷ τιμίῳ Αἵματι[3] τοῦ Χριστοῦ Σου·	de votre sainte Église Catholique et Apostolique, qui s'étend d'un bout à l'autre de la terre, pacifiez-la, elle que Vous Vous êtes acquise par le Précieux Sang de votre Christ;
καὶ τὸν ἅγιον οἶκον τοῦτον στερέωσον μέχρι τῆς συντελείας τοῦ αἰῶνος[5].	affermissez aussi cette sainte Maison[4] jusqu'à la consommation des siècles.

ANAPHORE GALLICANE

qui Tibi in honore sanctorum Tuorum N. N. accedunt vota sua

---

1. Au sujet des prières d'intercession, cf. *Monum. Liturg.*, t. VI, *Liber Mozarabicus Sacramentorum*, D. M. Férotin : *Post Pridie* de la Messe de saint Michel, col. 452, où l'on trouve une énumération que l'on pourra comparer avec celles des liturgies byzantines. La Messe de saint Emilien (*ibid.* col. 608) contient un *Post Pridie* avec une énumération plus courte mais de même sens. D'après Dom M. Férotin, cette messe serait du milieu du VIe siècle (après 547).
2. *Ps.* LXXI, 8.
3. *Act.* XX, 28.
4. L'église dans laquelle on fait la Liturgie, parce que primitivement le texte a été rédigé pour des monastères.
5. *Matt.* XXVIII, 20.

TRADUCTION	SAINT JEAN CHRYSOSTOME
pour tous ceux qui vivent dans la chasteté et la dignité de la vie[1],	**B** ὑπὲρ τῶν ἐν ἁγνείᾳ καὶ σεμνῇ πολιτείᾳ διαγόντων[1],

ANAPHORE ROMAINE

puritate, pro integritate virginum et continentia viduarum, pro aeris temperie et fructuum fecunditate terrarum (fol. 25r)

---

1. Σεμνὴ πολιτεία signifie exactement *la vie honnête, respectable, digne.* Il s'agit ici sans conteste de Moines : ascètes, anachorètes, ermites. Au VIIIe siècle il y avait ici une phrase supprimée depuis (elle se retrouve dans la Liturgie de S. Basile) : ὑπὲρ τῶν ἐν ὄρεσιν καὶ σπηλαίοις καὶ ταῖς ὀπαῖς τῆς γῆς. Elle était déjà supprimée au IXe siècle.

SAINT BASILE	TRADUCTION
Μνήσθητι, Κύριε, τῶν τὰ Δῶρά Σοι ταῦτα προσκομισάντων[1], καὶ ὑπὲρ ὧν, καὶ δι' ὧν, καὶ ἐφ' οἷς αὐτὰ προσεκόμισαν. Μνήσθητι, Κύριε, τῶν καρποφορούντων, καὶ καλλιεργούντων ἐν ταῖς ἁγίαις Σου Ἐκκλησίαις, καὶ μεμνημένων τῶν πενήτων[2]· ἄμειψαι αὐτοὺς τοῖς πλουσίοις Σου καὶ ἐπουρανίοις χαρίσμασι· χάρισαι αὐτοῖς ἀντὶ τῶν ἐπιγείων, τὰ ἐπουράνια[3], ἀντὶ τῶν προσκαίρων, τὰ αἰώνια[4], ἀντὶ τῶν φθαρτῶν, τὰ ἄφθαρτα[5].	Souvenez-Vous, Seigneur, de ceux qui Vous ont apporté ces dons[1], et de ceux pour qui, à cause de qui, et à l'intention de qui ils les ont apportés. Souvenez-Vous, Seigneur, de ceux qui produisent des fruits et de ceux dont les œuvres sont belles dans vos saintes Églises, comme aussi de ceux qui se souviennent des pauvres; rémunérez-les par vos grâces abondantes et célestes; donnez-leur, à la place des choses terrestres, les choses célestes; à la place des temporelles, les éternelles; à la place des corruptibles, les incorruptibles.
B Μνήσθητι, Κύριε, τῶν ἐν ἐρημίαις καὶ ὄρεσι, καὶ σπηλαίοις, καὶ ταῖς ὀπαῖς τῆς γῆς[6]. Μνήσθητι,	Souvenez-Vous, Seigneur, de ceux qui sont dans les solitudes, dans les montagnes, dans

ANAPHORE GALLICANE

Deo vivo et vero. Quorum oblationem benedictam, ratam ratio-

1. Allusion à ceux qui ont offert le pain et le vin destinés au sacrifice : ceux à l'intention desquels on dit la sainte Messe ou pour qui l'on prie sont souvent rappelés en Orient. De nos jours encore (en Russie par exemple), avant la Liturgie, chacun apporte sa προσφορά et de toutes le Prêtre prend une parcelle en faisant la Prothèse.

2. Se trouve dans la Liturgie de S. J. Chrysostome après la mémoire du Pape. On sait que ces prières sont données avec une grande variété dans les manuscrits : ce sont les intentions du prêtre détaillées, et chacun usait d'une certaine liberté.

3. *Joan.* III, 12. — 4. II *Cor.* IV, 18. — 5. I *Cor.* IX, 25.

6. *Hebr.* XI, 38.

TRADUCTION	SAINT JEAN CHRYSOSTOME
pour nos Empereurs[1] très fidèles et amis du Christ, pour tout leur Palais et leur armée.	C ὑπὲρ τῶν πιστοτάτων καὶ C φιλοχρίστων ἡμῶν Βασιλέων[2], πάντος τοῦ Παλατίου[3], καὶ τοῦ στρατοπέδου αὐτῶν.

ANAPHORE ROMAINE

pro pacis reditu et fine discriminum, pro incolumitate regum et pace populorum, ac reditu captivorum pro votis adstantium, pro memoria martyrum, pro remissione peccatorum nostrorum et actuum emendatione eorum ac requie

---

1. L'Église latine a conservé en certaines circonstances des prières officielles pour l'Empereur. Depuis la chute du Saint-Empire Romain Germanique, elles ne sont plus en usage, sauf en Autriche. Il y a encore dans les oraisons diverses, après les Messes votives, dans le Missel, une oraison pour le Roi, qui vient après celle pour l'Empereur, avant celle pour les Prélats.

2. I *Tim.* II, 2. Comparer avec la préface Mozarabe de la Messe *pro Rege*. *Monumenta liturgica;* V. Liber Ordinum (D. Férotin), col. 295, lignes 20 et suiv. Autrefois en France, maintenant encore en certains pays catholiques, comme en Espagne, par exemple, on nomme au *Te igitur*, non seulement le Pape et l'Evêque du lieu, mais encore le Souverain régnant.

3. Le Palais et l'armée viennent plus bas dans S. Basile qui détaille davantage les intentions.

SAINT BASILE

Κύριε, τῶν ἐν παρθενίᾳ, καὶ εὐλαβείᾳ, καὶ ἀσκήσει, καὶ σεμνῇ πολιτείᾳ διαγόντων [1].

C Μνήσθητι, Κύριε, τῶν εὐσεβεστάτων καὶ πιστοτάτων ἡμῶν βασιλέων, οὓς ἐδικαίωσας βασιλεύειν ἐπὶ τῆς γῆς[3]· ὅπλῳ ἀληθείας, ὅπλῳ εὐδοκίας[4] στεφάνωσον αὐτούς· ἐπισκίασον ἐπὶ τὴν κεφαλὴν αὐτῶν ἐν ἡμέρᾳ πολέμου[5]· ἐνίσχυσον αὐτῶν τὸν βραχίονα[6]; ὕψωσον αὐτῶν τὴν δεξιάν[7]· κράτυνον αὐτῶν τὴν βασιλείαν· ὑπόταξον αὐτοῖς πάντα τὰ βάρβαρα ἔθνη[8], τὰ τοὺς πολέμους θέλοντα[9].

TRADUCTION

les cavernes et les trous de la terre. Souvenez-Vous, Seigneur, de ceux qui vivent dans la virginité, la piété, l'ascèse et la dignité de la vie.

Souvenez-Vous, Seigneur, de nos très religieux et très fidèles [2] Empereurs que Vous avez jugés dignes de régner sur la terre. Ornez-les de l'armure de la vérité, de l'armure de votre complaisance; étendez votre protection sur leur tête au jour de la guerre; fortifiez leur bras, exaltez leur main droite; affermissez leur royaume; soumettez-leur toutes

ANAPHORE GALLICANE

nabilemque facere digneris, quae est imago et similitudo cor-

---

1. Voir note 1, page 74.
2. A noter cette phrase qui semble dire le contraire d'une autre que l'on trouvera plus bas, qui parle des martyrs. Il faut toujours se souvenir, en étudiant cette partie de la Liturgie, qu'elle a été longtemps très variable : on y trouve probablement les traces de diverses époques, et c'est là ce qui explique ces demandes contradictoires.
3. II *Par.* XXII, 12.
4. *Ps.* V, 13.
5. *Ps.* CXXXIX, 8.
6. Ezech. XXX, 25.
7. *Ps.* LXXXVIII, 14.
8. *Ps.* XLVI, 4.
9. *Ps.* LXVII, 31.

TRADUCTION	SAINT JEAN CHRYSOSTOME
Donnez-leur, Seigneur, un règne paisible, afin que nous aussi, dans leur tranquillité, nous passions une vie calme et sereine en toute piété et dignité.	C β Δὸς αὐτοῖς, Κύριε, εἰρηνικὸν τὸ βασίλειον, ἵνα καὶ ἡμεῖς, ἐν τῇ γαλήνῃ αὐτῶν, C γ ἤρεμον καὶ ἡσύχιον βίον διάγωμεν, ἐν πάσῃ εὐσεβείᾳ καὶ σεμνότητι[1].

ANAPHORE ROMAINE

defunctorum et prosperitate itineris nostri[2].

1. I *Tim*, II, 2. La Liturgie de S. Basile donne le même texte, mais avant de mentionner le Palais et l'armée. Cf. aussi *Jer*. XXXVI, 7.
2. Voir la suite page 86.

SAINT BASILE

C β Χάρισαι αὐτοῖς βαθεῖαν καὶ ἀναφαίρετον εἰρήνην· λάλησον εἰς τὴν καρδίαν[1] αὐτῶν ἀγαθὰ[2] ὑπὲρ τῆς Ἐκκλησίας Σου καὶ παντὸς τοῦ λαοῦ Σου, ἵνα ἐν τῇ γαληνῃ αὐτῶν
C γ ἤρεμον καὶ ἡσύχιον βίον διάγωμεν, ἐν πάσῃ εὐσεβείᾳ καὶ σεμνότητι[3].

TRADUCTION

les nations barbares qui veulent la guerre.

Accordez-leur une paix profonde et qui ne puisse être enlevée; suggérez à leur cœur le bien à faire à votre Église et à tout votre peuple, afin que dans leur tranquillité nous passions une vie paisible et sereine en toute piété et dignité.

ANAPHORE GALLICANE

poris et sanguinis Jesu Christi Filii tui ac Redemptoris nostri.]

1. *Is.* XL, 2.
2. *Jer.* XVIII, 20.
3. Cf. note 1, page précédente

TRADUCTION SAINT JEAN CHRYSOSTOME

ANAPHORE ROMAINE

SAINT BASILE

C δ Μνήσθητι, Κύριε, πάσης ἀρχῆς καὶ ἐξουσίας[1], καὶ τῶν ἐν τῷ παλατίῳ ἀδελφῶν ἡμῶν[2], καὶ παντὸς τοῦ στρατοπέδου. Τοὺς ἀγαθοὺς ἐν τῇ ἀγαθότητί Σου διατήρησον· τοὺς πονηροὺς ἀγαθοὺς ποίησον ἐν τῇ χρηστότητί Σου[5].

26 bis B Μνήσθητι, Κύριε, τοῦ περιεστῶτος λαοῦ, καὶ δι' εὐλόγους αἰτίας ἀπολειφθέντων, καὶ ἐλέησον αὐτοὺς καὶ ἡμᾶς κατὰ τὸ πλῆθος τοῦ ἐλέους Σου[6]. Τὰ ταμεῖα αὐτῶν ἔμπλησον[7] παντὸς ἀγαθοῦ[8]· τὰς συζυγίας αὐτῶν ἐν εἰρήνῃ καὶ ὁμονοίᾳ διατήρησον· τὰ νήπια ἔκθρεψον· τὴν νεότητα παιδαγώγησον· τὸ γῆρας περικράτησον· τοὺς ὀλιγοψύχους παραμύθησαι[9]· τοὺς ἐσκορπισμένους ἐπισυνάγαγε· τοὺς πεπλανημένους ἐπανάγαγε καὶ

TRADUCTION

Souvenez-Vous, Seigneur, de toute puissance et de toute autorité, et de nos frères qui sont dans le palais[3], et de toute l'armée. Conservez-les bons dans votre bonté; rendez bons dans votre clémence les mauvais[4].

Souvenez-Vous, Seigneur, du peuple qui nous entoure, et de ceux qui sont absents pour de bonnes raisons, et ayez pitié d'eux et de nous selon l'immensité de votre miséricorde. Remplissez leurs greniers de toutes sortes de biens; conservez la paix et la concorde dans leurs ménages; élevez les enfants; guidez les jeunes gens; donnez des forces aux vieillards; consolez les pusillanimes; réunissez ceux qui sont dispersés; ramenez ceux qui sont égarés et réunis-

ANAPHORE GALLICANE

1. *Tit.* III, 1.
2. Cf, note 3, page 76.
3. Cette phrase était peut-être de la rédaction primitive et faisait sans doute allusion aux chrétiens qui se trouvaient dans le Palais des Empereurs encore païens.
4. Pierre diacre, au Ve siècle, cite déjà ces mots comme étant dans la Liturgie de S. Basile.
5. *Ps.* CXVIII, 68.
6. II *Esdr.* XIII, 22.
7. *Ps.* CXLIII, 13. — *Ez.* XXVIII, 16
8. *Prov.* VIII, 21. — *Deut.* VI, 11.
9 *Thess.* V, 14.

TRADUCTION SAINT JEAN CHRYSOSTOME

ANAPHORE ROMAINE

SAINT BASILE	TRADUCTION
σύναψον τῇ Ἁγίᾳ Σου καθολικῇ καὶ ἀποστολικῇ Ἐκκλησίᾳ. Τοὺς ὀχλουμένους ὑπὸ πνευμάτων ἀκαθάρτων[1] ἐλευθέρωσον· τοῖς πλέουσι σύμπλευσον· τοῖς ὁδοιποροῦσι συνόδευσον· χηρῶν πρόστηθι, ὀρφανῶν ὑπεράσπισον· αἰχμαλώτους ῥῦσαι· νοσοῦντας ἴασαι. Τῶν[2] ἐν βήμασι, καὶ μετάλλοις, καὶ ἐξορίαις, καὶ πικραῖς δουλείαις καὶ πάσῃ θλίψει καὶ ἀνάγκῃ καὶ περιστάσει ὄντων, μνημόνευσον, ὁ Θεός, καὶ πάντων τῶν δεομένων τῆς μεγάλης Σου εὐσπλαγχνίας·	sez-les à votre sainte Église catholique et apostolique. Délivrez ceux qui sont tourmentés par les esprits impurs; naviguez avec ceux qui naviguent; voyagez avec ceux qui voyagent; secourez les veuves, protégez les orphelins; délivrez les captifs; guérissez les malades. Souvenez-Vous[2], ô Dieu, de ceux qui sont devant les tribunaux, de ceux qui sont dans les mines, en exil, soumis à une amère servitude et dans toute espèce d'affliction, de détresse et de difficulté, et de tous ceux qui ont besoin de votre grande compassion,
καὶ τῶν ἀγαπώντων ἡμᾶς καὶ τῶν μισούντων, καὶ τῶν ἐντειλαμένων ἡμῖν τοῖς ἀναξίοις[3] εὔχεσθαι ὑπὲρ αὐτῶν. Καὶ παντὸς τοῦ λαοῦ Σου, μνήσθητι, Κύριε, ὁ Θεὸς ἡμῶν, καὶ ἐπὶ πάντας ἔκχεον τὸ πλούσιόν Σου ἔλεος, πᾶσι παρέχων τὰ πρὸς σωτηρίαν αἰτήματα.	et de ceux qui nous aiment comme de ceux qui nous haïssent, et de ceux qui nous ont, à nous indignes, recommandé de prier pour eux[3]. Et de tout votre peuple, souvenez-Vous, Seigneur notre Dieu, et répandez sur tous votre abondante

ANAPHORE GALLICANE

1. *Luc.* VI, 18.
2. Cette partie date probablement de l'époque des persécutions et fait allusion aux chrétiens prévenus ou déjà condamnés. On le voit, c'est toujours le *memento* des vivants qui se détaille. Le Ἱερατικον (p. 112) fait ici une faute d'impression, il met : τούς.
3. Remarquez ce pluriel qui est une nouvelle allusion à l'usage de la concélébration.

TRADUCTION SAINT JEAN CHRYSOSTOME

ANAPHORE ROMAINE

SAINT BASILE	TRADUCTION
	miséricorde, en accordant à tous les demandes faites en vue de leur salut.
Καὶ ὧν ἡμεῖς οὐκ ἐμνημονεύσαμεν δι' ἄγνοιαν, ἢ λήθην, ἢ πλῆθος ὀνομάτων,	Et ceux desquels nous n'avons pas fait mention par ignorance, ou par oubli, ou à cause de la grande quantité des noms,
αὐτὸς μνημόνευσον, ὁ Θεός, ὁ εἰδὼς ἑκάστου τὴν ἡλικίαν, καὶ τὴν προσηγορίαν, ὁ εἰδὼς ἕκαστον ἐκ κοιλίας μητρὸς αὐτοῦ. Σὺ γὰρ εἶ, Κύριε, ἡ βοήθεια τῶν ἀβοηθήτων, ἡ ἐλπὶς τῶν ἀπηλπισμένων, ὁ τῶν χειμαζομένων Σωτήρ, ὁ τῶν πλεόντων λιμὴν, ὁ τῶν νοσούντων ἰατρός. Αὐτὸς τοῖς πᾶσι τὰ πάντα γενοῦ, ὁ εἰδὼς ἕκαστον, καὶ τὸ αἴτημα αὐτοῦ, οἶκον καὶ τὴν χρείαν αὐτοῦ.	Vous-même, ô Dieu, rappelez-les-Vous, Vous qui savez de chacun l'âge et le nom, et qui connaissez chacun dès le sein de sa mère. Car Vous êtes, Seigneur, le secours de ceux qui n'ont pas de secours, l'espoir des désespérés, le Sauveur de ceux qui sont battus par la tempête, le port de ceux qui naviguent, le médecin des malades. Vous-même devenez le tout de tous, Vous qui connaissez chacun, ce qu'il a à demander, sa maison et ses besoins.
Ῥῦσαι, Κύριε, τὴν Μονὴν[1] ταύτην, καὶ πᾶσαν πόλιν, καὶ χώραν, ἀπὸ λιμοῦ, λοιμοῦ, σεισμοῦ, καταποντισμοῦ, πυρὸς, μαχαίρας,	Délivrez, Seigneur, ce monastère et toute la ville et la région de la famine, de la peste, du tremblement de terre, de l'inon-

ANAPHORE GALLICANE

1. Le texte du IXe siècle a : τὴν ποίμνην, ce troupeau.

TRADUCTION	SAINT JEAN CHRYSOSTOME
Surtout, souvenez-Vous, Seigneur, de notre Archevêque N., faites que, dans la paix, pour vos saintes Églises, il soit sain et sauf, honoré, bien portant, qu'il vive de longs jours, en enseignant fidèlement la parole de votre vérité.	26 ter 'Εν[1] πρώτοις[2], μνήσθητι, Κύριε, τοῦ Ἀρχιεπισκόπου ἡμῶν τ. δ.[3], ὃν χάρισαι ταῖς ἁγίαις Σου Ἐκκλησίαις ἐν εἰρήνῃ, σῶον, ἔντιμον, ὑγιᾶ, μακροημερεύοντα, καὶ ὀρθοτομοῦντα τὸν λόγον τῆς σῆς ἀληθείας[4].

ANAPHORE ROMAINE

26 ter Pro Domino Papa, episcopo et omnibus episcopis et presbyteris, et omni ecclesiastico ordine, pro imperio Romano et omnibus regibus christianis,

1. Aux VIIIe et IXe siècles on trouve en cet endroit, avant la prière pour le Pape, la prière pour la ville, qui se trouve maintenant immédiatement après. Peut-être le changement a-t-il été opéré pour permettre aux chantres d'achever l'"Αξιόν ἐστιν.

2. Le prêtre chante cette priée à haute voix.

3. Ici se fait chez les catholiques mémoire du Pape et de l'Evêque diocésain (ou de l'Evêque présent) en ces termes : 'Εν πρώτοις, μνήσθητι, Κύριε, τοῦ παναγιωτάτου Πατρὸς ἡμῶν τ.δ. Πάπα Ρώμης, καὶ ἀρχιεπισκόπου ἡμῶν τ.δ. οὓς χάρισαι ταῖς ἁγίαις Σου Ἐκκλησίαις ἐν εἰρήνῃ, σώους, ἐντίμους, ὑγιεῖς, μακροημερεύοντας, καὶ ὀρθομοῦντας τὸν λόγον τῆς σῆς ἀληθείας.

4. Cf. note 3, page suivante.

SAINT BASILE	TRADUCTION
ἐπιδρομῆς ἀλλοφύλων, καὶ ἐμφυλίου πολέμου.	dation, du feu, du glaive, de l'invasion des étrangers, et de la guerre civile.
26 ter Ἐν πρώτοις[1], μνήσθητι, Κύριε, τοῦ Ἀρχιεπισκόπου ἡμῶν τ. δ.[2] ὃν χάρισαι ταῖς ἁγίαις Σου Ἐκκλησίαις ἐν εἰρήνῃ, σῶον, ἔντιμον, ὑγιᾶ, μακροημερεύοντα, καὶ ὀρθοτομοῦντα τὸν λόγον τῆς σῆς ἀληθείας[3].	Surtout souvenez-Vous, Seigneur, de notre Archevêque N., faites que dans la paix, pour vos saintes Églises, il soit sain et sauf, honoré, bien portant, qu'il vive de longs jours en enseignant fidèlement la parole de votre vérité.

ANAPHORE GALLICANE

1. Cf. note 2, page précédente.
2. Cf. note 3, page précédente.
3. II *Tim.* II, 15. Cf. note, page 72.

TRADUCTION	SAINT JEAN CHRYSOSTOME
(*Le Diacre fait commémoraison des diptyques*[1] *des vivants, il ajoute à haute voix :*	(Ὁ Διάκονος μνημονεύει τὰ Δίπτυχα τῶν ζώντων. Εἶτα δὲ ἐκφωνεῖ·
Et de ceux que chacun a dans le cœur, et de tous et de toutes !)	Καὶ ὧν ἕκαστος κατὰ διάνοιαν ἔχει, καὶ πάντων, καὶ πασῶν.)
Souvenez-Vous, Seigneur,	(**26** bis **B**) Μνήσθητι, Κύριε[2],

ANAPHORE ROMAINE

pro fratribus et sororibus nostris, pro fratribus quos de caliginosis (fol. 25v) mundi huius tenebris Dominus arcessire dignatus est, uti eos in aeterna summae lucis quiete pietas divina suscipiat, pro fratribus qui variis dolorum generibus affliguntur, uti eos divina pietas curare dignetur pro spe salutis et incolumitatis suae, Tibi reddunt vota sua aeterno Deo vivo et vero:

---

1. On appelait *Diptyques* des tablettes qui s'ouvraient par le milieu, comme un livre, et sur lesquelles on écrivait les noms de ceux pour qui on voulait prier. Sur les *diptyques* on inscrivait aussi les noms de ceux avec lesquels on était en communion, et on effaçait, au contraire, ceux que l'on voulait retrancher de sa communion. En dehors de ces quelques allusions liturgiques, les diptyques proprement dit ont disparu. On en trouve cependant un souvenir dans certaines litanies telles que celles qui se font apres la grande entrée, par exemple, certains livres ont gardé alors une rubrique qui permet, en effet, d'y introduire les noms de ceux pour lesquels on veut spécialement prier. Diptyques aussi, si l'on veut, en Russie l'interminable énumération des noms de tous les membres de la famille impériale pendant la Grande Entrée.

2. Là, sans doute, se devrait mettre la mémoire de la hiérarchie que l'on a trouvée plus haut (p. 70). Au VIIIe siècle toute cette phrase se trouve — comme dans la liturgie de saint Basile — avant la mention du Pape et de l'Evêque. Au XIe siècle elle est déjà à la place qu'elle occupe actuellement.

SAINT BASILE

(Ὁ Διάκονος μνημονεύει τὰ Δίπτυχα τῶν ζώντων. Εἶτα δὲ ἐκφωνεῖ·

Καὶ ὧν ἕκαστος κατὰ διάνοιαν ἔχει, καὶ πάντων, καὶ πασῶν.)

(**26** bis **B δ**) Μνήσθητι, Κύριε, πάσης Ἐπισκοπῆς ὀρθοδόξων, τῶν ὀρθοτομούντων τὸν λόγον τῆς σῆς ἀληθείας[3].

Μνήσθητι, Κύριε, κατὰ τὸ πλῆθος τῶν οἰκτιρμῶν Σου[4], καὶ τῆς ἐμῆς

TRADUCTION

(*Le Diacre fait commémoraison des diptyques*[1] *des vivants, il ajoute à haut voix :*

Et de ceux que chacun a dans le cœur, et de tous et de toutes!)

Souvenez-Vous, Seigneur, de tout l'Épiscopat des orthodoxes[2], de ceux qui enseignent la parole de votre vérité.

Souvenez-Vous aussi, Seigneur, suivant l'immensité de

1. Cf. la note de la page précédente.
2. Cf. note 1, page 72.
3. Cf. note 2, page 72.
4. *Ps.* L, 3.

TRADUCTION	SAINT JEAN CHRYSOSTOME
du Monastère dans lequel nous habitons, de toute la ville et	τῆς Μονῆς, ἐν ᾗ παροικοῦμεν, καὶ πάσης πόλεως καὶ χώρας, καὶ τῶν

ANAPHORE ROMAINE

SAINT BASILE

ἀναξιότητος· συγχώρησόν μοι πᾶν πλημμέλημα ἑκούσιόν τε καὶ ἀκούσιον· καὶ μὴ διὰ τὰς ἐμὰς ἁμαρτίας κωλύσῃς τὴν χάριν τοῦ Ἁγίου Σου Πνεύματος ἀπὸ τῶν προκειμένων Δώρων. Μνήσθητι, Κύριε, τοῦ πρεσβυτερίου, τῆς ἐν Χριστῷ Διακονίας, καὶ παντὸς ἱερατικοῦ Τάγματος· καὶ μηδένα ἡμῶν καταισχύνῃς τῶν κυκλούντων τὸ ἅγιόν Σου Θυσιαστήριον[3]. Επίσκεψαι

ἡμᾶς ἐν τῇ χρηστότητί Σου[1], Κύριε, ἐπιφάνηθι ἡμῖν ἐν τοῖς πλουσίοις

TRADUCTION

vos miséricordes, de mon indignité; pardonnez-moi tout péché volontaire et involontaire; et de ces dons ici présents n'éloignez pas, à cause de mes péchés, la grâce du Saint-Esprit[1]. Souvenez-Vous, Seigneur, de l'Ordre sacerdotal, du Diaconat dans le Christ[2] et de tout l'Ordre hiérarchique; et ne couvrez de honte nul d'entre nous qui entourons votre saint autel[3]. Jetez les yeux sur nous dans votre bonté, Seigneur; manifestez-Vous à

ANAPHORE GALLICANE

---

1. C'est une vérité de foi, définie par le Concile de Trente, que la valeur des Sacrements est indépendante de la sainteté des Ministres. Néanmoins la piété avec laquelle ceux-ci s'acquittent de leurs fonctions est un hommage rendu à Celui à qui le saint sacrifice est offert ou au nom duquel les sacrements sont conférés. Il est vivement à souhaiter que cet hommage accompagne l'offrande de ces dons ici présents. Mais cette piété, par cela même qu'elle est un effet de la grâce du Saint-Esprit, la suppose. La prière faite en cet endroit la sollicite, malgré les péchés qui pourraient rendre le Ministre de l'autel moins digne d'en être favorisé.

2. Cf. p. 72, note 3.

3. *Ps.* XXV, 6. — La honte s'attache aux Ministres sacrés comme le châtiment de leur indignité, soit que cette indignité se révèle par ses conséquences aux yeux du peuple fidèle et devienne publique, soit que, simplement attestée au coupable par le témoignage de sa conscience, elle l'humilie à ses propres yeux et fasse qu'il se méprise sans se corriger. — Allusion à la concélébration. On sait que dans l'Eglise grecque, si l'on s'en tient à la rigueur de la loi, non seulement le Prêtre mais l'autel aussi doit être à jeûn, c'est-à-dire que l'on ne doit dire qu'une messe par jour sur un même autel (et il ne doit y avoir qu'un autel par église). On comprend alors la nécessité de la concélébration. Sur cet usage, cf. D. J. Moreau, *Calendario di rito greco*, Roma, 1912, p. 6, note 5; et aussi Charon, *Les Saintes et divines Liturgies*, Paris, 1904, p. 199 et suiv.

3. *Ps.* CV, 4, 5.

TRADUCTION	SAINT JEAN CHRYSOSTOME
de la région, et de tous les fidèles qui les habitent. Souvenez-Vous, Seigneur, des navigateurs, des voyageurs, des malades, des affligés, des captifs et de leur salut. Souvenez-Vous, Seigneur, de ceux qui produisent des fruits et de ceux dont les œuvres sont belles dans vos saintes Églises, et de ceux qui se souviennent des pauvres,	πίστει οἰκούντων ἐν αὐταῖς. Μνήσθητι, Κύριε, πλεόντων, ὁδοιπορούντων, νοσούντων, καμνόντων, αἰχμαλώτων, καὶ τῆς σωτηρίας αὐτῶν. Μνήσθητι, Κύριε, τῶν καρποφορούντων, καὶ καλλιεργούντων ἐν ταῖς ἁγίαις Σου Ἐκκλησίαις, καὶ μεμνημένων τῶν πενήτων,

β) *Les présents.*

et sur nous tous envoyez vos miséricordes.	**26** bis **C** καὶ ἐπὶ πάντας ἡμᾶς τὰ ἐλέη Σου ἐξαπόστειλον.

ANAPHORE ROMAINE

(**26**) **C** Nobis[1] quoque peccatoribus, famulis tuis, de multitudine miserationum tuarum sperantibus, partem aliquam, et societatem donare digneris, cum (tuis sanctis Apostolis et Martyribus : cum Petro, Paulo, Patricio, Joanne, Stephano, Mathia, Barnaba, Ignatio, Alexandro, Marcellino, Petro, Perpetua, Agna (sic), Cecilia, Felicitate, Anastasia, Agatha, Lucia et cum) omnibus sanctis tuis intra quorum nos consortia non

1. *Ibid.*, fol. 33v.

SAINT BASILE	TRADUCTION
Σου οἰκτιρμοῖς· εὐκράτους καὶ ἐπωφελεῖς τοὺς ἀέρας ἡμῖν χάρισαι· ὄμβρους εἰρηνικοὺς τῇ γῇ πρὸς καρποφορίαν δώρησαι.	nous par vos abondantes miséricordes; accordez-nous une température propice et bienfaisante; donnez à la terre pour la production de ses fruits des pluies douces.
Εὐλόγησον τὸν στέφανον τοῦ ἐνιαυτοῦ τῆς χρηστότητός Σου[1]· παῦσον τὰ σχίσματα τῶν Ἐκκλησιῶν· σβέσον τὰ φρυάγματα τῶν ἐθνῶν[2]· τὰς τῶν αἱρέσεων ἐπαναστάσεις ταχέως κατάλυσον, τῇ δυνάμει τοῦ Ἁγίου Σου Πνεύματος[3].	Bénissez le cycle de l'année de votre bonté[1]; apaisez les schismes des Églises; réprimez les frémissements des nations; refrénez rapidement par la puissance de votre Saint-Esprit les révoltes de l'hérésie.

β) *les présents.*

26 bis **C** Πάντας ἡμᾶς πρόσδεξαι εἰς τὴν Βασιλείαν Σου, υἱοὺς φωτὸς, καὶ υἱοὺς ἡμέρας[4] ἀναδείξας[5].	Recevez-nous tous dans votre royaume, en faisant de nous des fils de la lumière et des fils du jour.
Τὴν σὴν εἰρήνην, καὶ τὴν σὴν ἀγάπην χάρισαι ἡμῖν, Κύριε, ὁ Θεὸς ἡμῶν· πάντα γὰρ ἀπέδωκας ἡμῖν[6].	Accordez-nous votre paix et votre dilection, Seigneur notre Dieu, car Vous nous avez tout restitué[6].

ANAPHORE GALLICANE

1. *Ps.* LXIV, 12. — C'est-à-dire : Mettez le sceau à la série ininterrompue des grâces que votre bonté répand sur cette année.
2. *Ps.* II, 1.
3. *Luc.* IV, 14. — *Rom.* XV, 13.
4. I *Thes.* V, 5.
5. Remarquez ici encore le sens de ἀναδείξας. Cf. note 1, page 59.
6. *Is.* XXVI, 12. Crampon traduit ce texte d'Isaïe : *Seigneur, Vous nous assurerez la paix, car toute notre œuvre, c'est Vous qui l'avez faite pour nous.* Ἀποδίδωμι signifie *rendre, rétribuer, restituer.* Car c'est Vous qui nous donnez tout (ce que nous avons de bon). La Vulgate traduit : *omnia enim opera nostra operatus es in nobis.*

TRADUCTION | SAINT JEAN CHRYSOSTOME

IV. — DOXOLOGIE FINALE.

Et donnez-nous de glorifier et de célébrer d'une seule bouche et d'un seul cœur votre nom très vénérable et magnifique, Père, Fils et Saint-Esprit, maintenant et toujours, et dans les siècles des siècles.

Ch. Amen.

27 Καὶ δὸς ἡμῖν ἐν ἑνὶ στόματι καὶ μιᾷ καρδίᾳ[1] δοξάζειν[2] καὶ ἀνυμνεῖν τὸ πάντιμον, καὶ μεγαλοπρεπὲς ὄνομά Σου, τοῦ Πατρὸς καὶ τοῦ Υἱοῦ καὶ τοῦ Ἁγίου Πνεύματος, νῦν καὶ ἀεὶ, καὶ εἰς τοὺς αἰῶνας τῶν αἰώνων.

Ὁ Χορ. — Ἀμήν.

Bénédiction.

Pr. Et que les miséricordes e notre grand Dieu et Sauveur Jésus-Christ soient avec vous tous.

Ch. Et avec votre esprit.

Ὁ Ἱερ. — Καὶ ἔσται[3] τὰ ἐλέη τοῦ μεγάλου Θεοῦ καὶ Σωτῆρος ἡμῶν Ἰησοῦ Χριστοῦ μετὰ πάντων ἡμῶν.

Ὁ Χορ. — Καὶ μετὰ τοῦ πνεύματός Σου[4].

ANAPHORE ROMAINE

aestimator meriti sed veniae, (fol. 34v) quaesumus, largitor admitte. Per. **27** Per quem haec omnia[5], Domine, semper bona creas, sanctificas, vivificas, benedicis et praestas nobis, per Ipsum et cum Ipso et in Ipso est Tibi Deo Patri omnipotenti in unitate Spiritus sancti omnis honor et gloria. Per omnia.

---

1. Cf. note 1, page suivante.
2. Cf. note 2, page suivante.
3. Le Prêtre chante également cette bénédiction, qui marque la fin de l'Anaphore proprement dite, à haute voix. En l'achevant il se retourne et bénit le peuple. Le Diacre sort pour chanter la Litanie.
4. Cf. note 4, page suivante.
5. D'après D. Paul Cagin (*l. c.*) cette prière se rattacherait directement à l'Epiclèse. Cf. l'exemple d'Anaphore qu'il donne p. 105 où l'on trouve en particulier : *Per quem haec omnia... benedicis et nobis famulis tuis*

SAINT BASILE	TRADUCTION

IV. — DOXOLOGIE FINALE.

27 Καὶ δὸς ἡμῖν ἐν ἑνὶ στόματι καὶ μιᾷ καρδίᾳ[1] δοξάζειν[2] καὶ ἀνυμνεῖν τὸ πάντιμον, καὶ μεγαλοπρεπὲς ὄνομά Σου, τοῦ Πατρὸς, καὶ τοῦ Υἱοῦ, καὶ τοῦ Ἁγίου Πνεύματος, νῦν, καὶ ἀεὶ, καὶ εἰς τοὺς αἰῶνας τῶν αἰώνων.	Et donnez-nous de glorifier et de célébrer d'une seule bouche et d'un seul cœur votre nom très vénérable et magnifique, Père, Fils et Saint-Esprit, maintenant et toujours, et dans les siècles des siècles.
Ὁ Χορ. — Ἀμήν.	*Ch.* Amen.

Bénédiction.

Ὁ Ἱερ. — Καὶ ἔσται[3] τὰ ἐλέη τοῦ μεγάλου Θεοῦ καὶ Σωτῆρος ἡμῶν Ἰησοῦ Χριστοῦ μετὰ πάντων ἡμῶν.	*Pr.* Et que les miséricordes de notre grand Dieu et Sauveur Jésus-Christ soient avec vous tous.
Ὁ Χορ. — Καὶ μετὰ τοῦ Πνεύματός σου[4].	*Ch.* Et avec votre esprit.

ANAPHORE GALLICANE

Per eumdem Dominum nostrum J.-C. etc.[5].

---

1. *Act.* IV, 32. — Le Prêtre chante cette conclusion à haute voix.
2. *Rom.* XV, 6.
3. Cf. note 3, page précédente.
4. II *Joan.* 3. — *Tit.* II, 13. Il semblerait que pour avoir encore la belle unité qui jusqu'ici nous a tant frappé, il faudrait supprimer la litanie du diacre et les prières secrètes du Prêtre pendant ce temps pour prendre de suite la préface du Pater.
5. Voir la suite page 109.

TRADUCTION	SAINT JEAN CHRYSOSTOME

Litanies du diacre[1].

Ayant fait mémoire de tous les saints, encore de nouveau en paix, prions le Seigneur. — ℟. Seigneur, ayez pitié[2]!	Πάντων τῶν Ἁγίων μνημονεύσαντες, ἔτι καὶ ἔτι ἐν εἰρήνῃ τοῦ Κυρίου δεηθῶμεν. ℟. Κύριε ἐλέησον.
Pour les dons précieux qui ont été offerts et sanctifiés, prions le Seigneur.	Ὑπὲρ τῶν προσκομισθέντων καὶ ἁγιασθέντων τιμίων Δώρων, τοῦ Κυρίου δεηθῶμεν.
Pour que notre Dieu, plein de bonté, qui a reçu en odeur de suavité ces dons à son saint	Ὅπως ὁ φιλάνθρωπος Θεὸς ἡμῶν ὁ προσδεξάμενος αὐτὰ εἰς τὸ ἅγιον, καὶ ὑπερουράνιον, καὶ νοερὸν αὐτοῦ

ANAPHORE ROMAINE[3]

Dicamus omnes : Domine exaudi et miserere. ℟. Dñe, miserere.

Pro altissima pace et tranquillitate temporum nostrorum, pro sancta Ecclesia catholicaque a finibus usque ad terminos orbis terrae : oramus Te. Domine miserere.

---

praestas ad augmentum fidei, et remissionem omnium peccatorum. Et est tibi Deo Patris... Je dois avouer que les preuves du savant bénédictin ne me semblent pas absolument apodictiques. Peut-être sera-t-il difficile, étant donné le manque de références et de critique des sources pour quelqu'un qui n'est pas un spécialiste, de sentir toute la force des arguments. On pourrait souhaiter que l'auteur ait bien voulu se mettre à la portée d'un plus grand nombre de lecteurs, en recherchant davantage la clarté dans l'exposition et en dressant une bonne bibliographie critique qui fait un peu trop défaut.

1. *Pour ces litanies, le Diacre sort du Vima* (βῆμα, *tribunal*, c'est le nom donné au sanctuaire dans la Liturgie Byzantine) par la porte nord et vient les chanter à sa place ordinaire devant la grande porte.

2. Cf. note 2, page suiv.

3. Nous trouvons encore dans la liturgie milanaise des types de litanies comme celles de la liturgie grecque : le Missel de Stowe (entre l'Epître et l'Evangile *l. c.*, fol. 16v-17r) en a également conservé une, nous n'en donnons que ce qui a son correspondant dans la liturgie grecque car il est à croire que primitivement le canon ne comprenait pas de litanie. Voir la suite p. 108.

SAINT BASILE	TRADUCTION

Litanies du diacre[1].

Πάντων τῶν Ἁγίων μνημονεύσαντες, ἔτι καὶ ἔτι ἐν εἰρήνῃ τοῦ Κυρίου δεηθῶμεν. ℟. Κύριε ἐλέησον[2].	Ayant fait mémoire de tous les saints, encore de nouvea u en paix prions le Seigneur. — ℟. Seigneur, ayez pitié[2]!
Ὑπὲρ τῶν προσκομισθέντων καὶ ἁγιασθέντων τιμίων Δώρων, τοῦ Κυρίου δεηθῶμεν.	Pour les dons précieux qui ont été offerts et sanctifiés prions le Seigneur.
Ὅπως ὁ φιλάνθρωπος Θεὸς ἡμῶν, ὁ προσδεξάμενος αὐτὰ εἰς τὸ ἅγιον, καὶ ὑπερουράνιον, καὶ νοερὸν αὐτοῦ	Pour que notre Dieu, plein de bonté, qui a reçu en odeur de suavité ces dons à son saint

ANAPHORE GALLICANE[3]

b). *De l'Église et des autorités.*

Divinae pacis et indulgentiae munere supplicantes ex toto corde et ex toto mente precamur; Domine miserere. — Pro Ecclesia tua sancta catholica, quae hic et per universum orbem diffusa est precamur te; Domine miserere. — Pro Papa nostro N., et Pontifice nostro N., et omni clero eorum, omnibusque

---

1. Cf. note 1, page 96. C'est pendant que le Diacre et le peuple, dialoguant, chantent les litanies, que le Prêtre récite tout bas la prière préparatoire à la Communion (p. 104-107).

2. On répond : Κύριε ἐλέησον, Seigneur, ayez pitié! à chacune des invocations qui suivent, jusqu'à indication contraire.

3. Nous donnons un exemple de litanies tirées de la liturgie Ambrosinne, qui se disent en carême après l'*Ingressa* (Introit) et le *Dominus vobiscum* avant le *Dominus vobiscum* qui précède l'Oraison et au moment où, dans les messes ordinaires, vient le *Gloria* C'est la litanie des I, III et V. dimanches de carême que nous donnons. La réponse du chœur est : *Domine miserere.*

TRADUCTION

autel, céleste et spirituel, nous envoie en retour sa divine grâce, et le don du Saint-Esprit, prions le Seigneur.

Pour qu'Il nous délivre de toute affliction, colère, péril et nécessité, prions le Seigneur.

Secourez-nous, sauvez-nous, ayez pitié de nous et gardez-nous, ô Dieu, par votre grâce.

Demandons au Seigneur que ce jour soit tout entier parfait, saint, paisible et sans péché. ℟. Accordez-nous cela, Seigneur[1] !

SAINT JEAN CHRYSOSTOME

Θυσιαστήριον, εἰς ὀσμὴν εὐωδίας πνευματικῆς, ἀντικαταπέμψῃ ἡμῖν τὴν θείαν χάριν, καὶ τὴν δωρεὰν τοῦ Ἁγίου Πνεύματος, δεηθῶμεν.

Ὑπὲρ τοῦ ῥυσθῆναι ἡμᾶς ἀπὸ πάσης θλίψεως, ὀργῆς, κινδύνου καὶ ἀνάγκης, τοῦ Κυρίου δεηθῶμεν.

Ἀντιλαβοῦ, σῶσον, ἐλέησον καὶ διαφύλαξον ἡμᾶς ὁ Θεὸς, τῇ σῇ χάριτι.

Τὴν ἡμέραν πᾶσαν, ἁγίαν, εἰρηνικὴν καὶ ἀναμάρτητον, παρὰ τοῦ Κυρίου αἰτησώμεθα. ℟. Παράσχου Κύριε.

ANAPHORE ROMAINE

Pro pastore N. episcopis et omnibus episcopis et presbyteris, et diaconis et omni clero, oramus Te.

Pro hoc loco et inhabitantibus in eo, pro piissimis imperatoribus et omni Romano exercitu, oramus Te. — ... —

Pro peregrinantibus et iter agentibus ac navigantibus et paenitentibus et catechumenis, oramus Te.

1. Cf. note 1, page suiv.

SAINT BASILE	TRADUCTION
Θυσιαστήριον, εἰς ὀσμὴν εὐωδίας πνευματικῆς, ἀντικαταπέμψῃ ἡμῖν τὴν θείαν χάριν, καὶ τὴν δωρεὰν τοῦ Ἁγίου Πνεύματος, δεηθῶμεν.	autel, céleste et spirituel, nous envoie en retour sa divine grâce et le don du Saint-Esprit, prions le Seigneur.
Ὑπὲρ τοῦ ῥυσθῆναι ἡμᾶς ἀπὸ πάσης θλίψεως, ὀργῆς, κινδύνου καὶ ἀνάγκης, τοῦ Κυρίου δεηθῶμεν.	Pour qu'Il nous délivre de toute affliction, colère, péril et nécessité, prions le Seigneur.
Ἀντιλαβοῦ, σῶσον, ἐλέησον καὶ διαφύλαξον ἡμᾶς, ὁ Θεὸς, τῇ σῇ χάριτι.	Secourez-nous, sauvez-nous, ayez pitié de nous et gardez-nous, ô Dieu, par votre grâce.
Τὴν ἡμέραν πᾶσαν, ἁγίαν, εἰρηνηκὴν καὶ ἀναμάρτητον, παρὰ τοῦ Κυρίου αἰτησώμεθα. ℟. Παράσχου Κύριε[1].	Demandons au Seigneur que ce jour soit tout entier parfait, saint, paisible et sans péché. ℟. — Accordez-nous cela, Seigneur[1]!

ANAPHORE GALLICANE

sacerdotibus et ministris, precamur te, Dominem. — Pro famulis tuis N. Imperatore et N. Rege, Duce nostro, et omni exercitu eorum, precamur te, Domine etc. — Pro pace eccle-

1. A partir de ce moment, sauf à la dernière, on répond à toutes les invocations du Diacre : Παράσχου Κύριε, accordez-nous cela, Seigneur!

TRADUCTION	SAINT JEAN CHRYSOSTOME
Demandons au Seigneur un ange de paix, conducteur fidèle, gardien de nos âmes et de nos corps.	Ἄγγελον εἰρήνης, πιστὸν ὁδηγὸν, φύλακα τῶν ψυχῶν καὶ τῶν σωμάτων ἡμῶν παρὰ τοῦ Κυρίου αἰτησώμεθα.
Demandons au Seigneur le pardon et la rémission de nos péchés et de nos fautes.	Συγγνώμην καὶ ἄφεσιν τῶν ἁμαρτιῶν καὶ τῶν πλημμελημάτων ἡμῶν, παρὰ τοῦ Κυρίου αἰτησώμεθα.
Demandons au Seigneur les biens utiles à nos âmes et la paix du monde.	Τὰ καλὰ καὶ συμφέροντα ταῖς ψυχαῖς ἡμῶν, καὶ εἰρήνην τῷ κόσμῳ, παρὰ τοῦ Κυρίου αἰτησώμεθα.
Demandons au Seigneur d'achever le reste de notre vie dans la paix et la pénitence.	Τὸν ὑπόλοιπον χρόνον τῆς ζωῆς ἡμῶν ἐν εἰρήνῃ καὶ μετανοίᾳ ἐκτελέσαι, παρὰ τοῦ Κυρίου αἰτησώμεθα.
Demandons au Seigneur une mort chrétienne, paisible, sans	Χριστιανὰ τὰ τέλη τῆς ζωῆς ἡμῶν, ἀνώδυνα, ἀνεπαίσχυντα,

ANAPHORE ROMAINE

Pro his qui in sancta ecclesia fructus misericordiae largiuntur, Domine Deus virtutum, exaudi preces nostras; oramus Te.

Sanctorum Apostolorum ac martyrum memores simus, ut orantibus eis pro nobis, veniam mereamur, oramus Te.

Christianum et pacificum finem concedi a Domino deprecemur. ℟. Praesta, Domine, praesta[1].

1. Comparer ave παρασχου Κύριε du grec.

SAINT BASILE	TRADUCTION
Ἄγγελον εἰρήνης, πιστὸν ὁδηγόν, φύλακα τῶν ψυχῶν καὶ τῶν σωμάτων ἡμῶν παρὰ τοῦ Κυρίου αἰτησώμεθα.	Demandons au Seigneur un ange de paix, conducteur fidèle, gardien de nos âmes et de nos corps.
Συγγνώμην καὶ ἄφεσιν τῶν ἁμαρτιῶν, καὶ τῶν πλημμελημάτων ἡμῶν, παρὰ τοῦ Κυρίου αἰτησώμεθα.	Demandons au Seigneur le pardon et la rémission de nos péchés et de nos fautes.
Τὰ καλὰ καὶ συμφέροντα ταῖς ψυχαῖς ἡμῶν, καὶ εἰρήνην τῷ κόσμῳ, παρὰ τοῦ Κυρίου αἰτησώμεθα.	Demandons au Seigneur les biens utiles à nos âmes et la paix du monde.
Τὸν ὑπόλοιπον χρόνον τῆς ζωῆς ἡμῶν ἐν εἰρήνῃ καὶ μετανοίᾳ ἐκτελέσαι, παρὰ τοῦ Κυρίου αἰτησώμεθα.	Demandons au Seigneur d'achever le reste de notre vie dans la paix et la pénitence.
Χριστιανὰ τὰ τέλη τῆς ζωῆς ἡμῶν, ἀνώδυνα, ἀνεπαίσχυντα,	Demandons au Seigneur une mort chrétienne, paisible, sans

ANAPHORE GALLICANE

siarum, vocatione gentium, et quiete populorum, precamur te, Domine etc. — Pro civitate hac, et conversatione ejus, omnibusque habitantibus in ea, precamur te, Dñe etc. — Pro

TRADUCTION	SAINT JEAN CHRYSOSTOME
douleur et sans reproche de notre conscience, et une bonne défense devant Son redoutable Tribunal.	εἰρηνικὰ, καὶ καλὴν ἀπολογίαν τὴν ἐπὶ τοῦ φοβεροῦ βήματος τοῦ Χριστοῦ αἰτησώμεθα.
Ayant demandé l'unité de la foi et la participation du Saint-Esprit, recommandons-nous nous-mêmes et réciproquement, et toute notre vie au Christ notre Dieu. ℟. A Vous, Seigneur !	Τὴν ἑνότητα τῆς πίστεως, καὶ τὴν κοινωνίαν τοῦ Ἁγίου Πνεύματος αἰτησάμενοι, ἑαυτοὺς καὶ ἀλλήλους καὶ πᾶσαν τὴν ζωὴν ἡμῶν Χριστῷ τῷ Θεῷ παραθώμεθα. ℟. Σοὶ, Κύριε.

ANAPHORE ROMAINE

Et divinum in nobis permanere vinculum caritatis sanctum Dominum deprecemur. ℟. Praesta etc.

Conservare sanctitatem et catholicae fidei puritatem Dominum deprecemur. ℟. Praesta etc.

SAINT BASILE	TRADUCTION
εἰρηνικά, καὶ καλὴν ἀπολογίαν τὴν ἐπὶ τοῦ φοβεροῦ βήματος τοῦ Χριστοῦ αἰτησώμεθα.	douleur et sans reproche de notre conscience, et une bonne défense devant Son redoutable Tribunal.
Τὴν ἑνότητα τῆς πίστεως, καὶ τὴν κοινωνίαν τοῦ Ἁγίου Πνεύματος αἰτησάμενοι, ἑαυτούς, καὶ ἀλλήλους, καὶ πᾶσαν τὴν ζωὴν ἡμῶν Χριστῷ τῷ Θεῷ παραθώμεθα. ℟. Σοί, Κύριε.	Ayant demandé l'unité de la foi et la participation du Saint-Esprit, recommandons-nous nous-mêmes et réciproquement, et toute notre vie au Christ notre Dieu. ℟. A Vous, Seigneur !

ANAPHORE GALLICANE

aerum temperie ac fructuum fecunditate terrarum, precamur te, Dñe etc. — Pro virginibus, viduis, orphanis, captivis ac paenitentibus, precamur te, Dñe etc. — Pro navigantibus, iter agentibus, in carceribus, in vinculis, in metallis, in exiliis constitutis, precamur te; Dñe etc. — Pro his qui diversis infirmitatibus detinentur, quique spiritibus vexantur immundis, precamur te, Dñe etc. — Pro his qui in sancta Ecclesia fructus misericordiae largiuntur, precamur te, Dñe etc. — Exaudi nos, Domine, in omni oratione atque deprecatione nostra precamur te, Domine miserere. Dicamus omnes : Domine miserere, Kyrie eleison (3 fois).]

TRADUCTION — SAINT JEAN CHRYSOSTOME

Préparation privée a la communion.

Prière secrète du Prêtre.

Nous Vous recommandons notre vie tout entière et notre espérance, Seigneur plein de bonté, et nous Vous invoquons, nous Vous supplions et Vous prions : Rendez-nous dignes de recevoir vos célestes et redoutables mystères[1], de cette table sacrée et spirituelle, avec une conscience pure, pour la rémission des péchés, pour le pardon des offenses, pour la communication du Saint-Esprit, pour l'héritage du royaume des cieux, comme un titre à la confiance auprès de Vous, non pour notre jugement ou notre condamnation.

29 Σοὶ παρακατατιθέμεθα τὴν ζωὴν ἡμῶν ἅπασαν, καὶ τὴν ἐλπίδα, Δέσποτα φιλάνθρωπε, καὶ παρακαλοῦμέν Σε καὶ δεόμεθα καὶ ἱκετεύομεν· καταξίωσον ἡμᾶς μεταλαβεῖν τῶν ἐπουρανίων Σου καὶ φρικτῶν Μυστηρίων[1], ταύτης τῆς ἱερᾶς καὶ πνευματικῆς τραπέζης, μετὰ καθαροῦ συνειδότος, εἰς ἄφεσιν ἁμαρτιῶν, εἰς συγχώρησιν πλημμελημάτων, εἰς Πνεύματος Ἁγίου κοινωνίαν[2], εἰς βασιλείας οὐρανῶν κληρονομίαν, εἰς παῤῥησίαν τὴν πρὸς Σὲ, μὴ εἰς κρῖμα, ἢ εἰς κατάκριμα.

ANAPHORE ROMAINE

Prières secrètes du Prêtre[3].

29 Domine Jesu Christe, Fili Dei vivi, qui ex voluntate

---

1. Il s'agit de la communion que va recevoir le Prêtre, du sacrement du Corps et du Sang de Notre-Seigneur Jésus-Christ, les Saints Mystères par excellence.
2. II *Cor.* XIII, 13
3. Ces prières sont tirées du Missel Romain, car pour la préparation à la communion le Missel de Stowe ne les contient pas. Il a des formules analogues aux *formules Gallicanes*.

SAINT BASILE	TRADUCTION

PRÉPARATION PRIVÉE A LA COMMUNION.

Prière secrète du Prêtre.

29 Ὁ Θεὸς ἡμῶν, ὁ Θεὸς τοῦ σώζειν[1], Σὺ ἡμᾶς δίδαξον εὐχαριστεῖν Σοι ἀξίως ὑπὲρ τῶν εὐεργεσιῶν Σου, ὧν ἐποίησας, καὶ ποιεῖς μεθ' ἡμῶν[2]. Σὺ, ὁ Θεὸς ἡμῶν, ὁ προσδεξάμενος τὰ Δῶρα ταῦτα, καθάρισον ἡμᾶς ἀπὸ πάντος μολυσμοῦ σαρκὸς καὶ πνεύματος, καὶ δίδαξον ἐπιτελεῖν ἁγιωσύνην ἐν φόβῳ[3] Σου· ἵνα, ἐν καθαρῷ τῷ μαρτυρίῳ τῆς συνειδήσεως[5] ἡμῶν, ὑποδεχόμενοι τὴν μερίδα τῶν ἁγιασμάτων Σου, ἑνωθῶμεν τῷ Ἁγίῳ Σώματι καὶ Αἵματι τοῦ Χριστοῦ Σου· καὶ ὑποδεξάμενοι αὐτὰ ἀξίως, σχῶμεν τὸν Χριστὸν κατοι-

O notre Dieu, ô Dieu du salut, apprenez-nous Vous-même à Vous remercier dignement pour les bienfaits que Vous nous avez accordés et que Vous nous accordez. Vous, ô notre Dieu, qui avez reçu ces dons, purifiez-nous de toute souillure de corps et d'esprit, et enseignez-nous à parfaire l'œuvre de notre sainteté dans votre crainte; afin que recevant notre part de vos sanctifications[4] avec le témoignage intègre de notre conscience[5], nous nous unissions au Saint Corps et Sang de votre Christ; et que les ayant reçus dignement, nous ayons le Christ habitant nos

ANAPHORE GALLICANE

1. *Ps.* LXVII, 21.
2. *Tob.* XII, 6.
3. II *Cor.* VII, 1.
4. Cf. note 1, page 104.
5. II *Cor.* I, 12. C'est-à-dire : *avec une conscience pure de péché.*

TRADUCTION | SAINT JEAN CHRYSOSTOME

ANAPHORE ROMAINE

Patris, cooperante Spiritu Sancto, per mortem tuam mundum vivificasti : libera me per hoc sacrosanctum Corpus et Sanguinem tuum ab omnibus iniquitatibus meis et universis malis, et fac me tuis semper inhaerere mandatis et a Te nunquam separari permittas. — Perceptio Corporis tui, Domine Jesu Christe, quod ego indignus sumere praesumo, non mihi proveniat in judicium et condemnationem sed pro tua pietate prosit mihi ad tutamentum mentis et corporis, et ad medelam percipiendam.

SAINT BASILE

κοῦντα ἐν ταῖς καρδίαις[1] ἡμῶν, καὶ γενώμεθα ναὸς τοῦ Ἁγίου Σου Πνεύματος[2]. Ναί, ὁ Θεὸς[3] ἡμῶν, καὶ μηδένα ἡμῶν ἔνοχον[4] ποιήσῃς τῶν φρικτῶν Σου τούτων καὶ ἐπουρανίων μυστηρίων, μηδὲ ἀσθενῆ[5] ψυχῇ καὶ σώματι ἐκ τοῦ ἀναξίως αὐτῶν μεταλαμβάνειν· ἀλλὰ δὸς ἡμῖν μέχρι τῆς ἐσχάτης ἡμῶν ἀναπνοῆς, ἀξίως ὑποδέχεσθαι τὴν μερίδα τῶν ἁγιασμάτων Σου εἰς ἐφόδιον ζωῆς αἰωνίου, εἰς ἀπολογίαν εὐπρόσδεκτον, τὴν ἐπὶ τοῦ φοβεροῦ βήματος τοῦ Χριστοῦ[7] Σου· ὅπως ἂν καὶ ἡμεῖς μετὰ πάντων τῶν ἁγίων, τῶν ἀπ' αἰῶνός Σοι εὐαρεστησάντων, γενώμεθα μέτοχοι τῶν αἰωνίων Σου ἀγαθῶν, ὧν ἡτοίμασας τοῖς ἀγαπῶσί[8] Σε, Κύριε.

TRADUCTION

cœurs, et devenions le temple de votre Saint-Esprit. Qu'il en soit ainsi, ô notre Dieu, et que nul d'entre nous ne soit condamné par vous à cause[4] de vos terribles et célestes Mystères, ni ne soit affaibli dans l'âme ou dans le corps pour les avoir indignement reçus; mais donnez-nous, jusqu'à notre dernier soupir, de recevoir dignement notre part de vos saints Mystères[6] comme un viatique pour la vie éternelle, comme une justification facilement recevable, devant le redoutable tribunal de votre Christ; afin que nous aussi, avec tous les saints qui vous ont plu en tout temps, nous participions à vos biens éternels que Vous avez préparés à ceux qui Vous aiment, Seigneur.

ANAPHORE GALLICANE

---

1. *Eph.* III, 17.
2. I *Cor.* VI, 19.
3. *Apoc.* XVI, 7.
4. I *Cor.* XI, 27. C'est-à-dire : *ne soit condamné pour avoir reçu indignement vos saints mystères.*
5. I *Cor.* XI, 30.
6. Cf. note 1, page 104.
7. II *Cor.* V, 10.
8. I *Cor.* II, 9.

TRADUCTION | SAINT JEAN CHRYSOSTOME

LE PATER.

Et rendez-nous dignes, Seigneur, de Vous invoquer avec confiance et sans condamnation, Vous, Dieu le Père céleste, et de dire :

Ch. Notre Père...

Pr. Parce qu'à Vous appartiennent la royauté, la puissance et la gloire, Père, Fils et Saint-Esprit, maintenant et toujours et dans les siècles des siècles.

Ch. Amen.

28 A Καὶ[1] καταξίωσον ἡμᾶς, Δέσποτα, μετὰ παῤῥησίας[2] ἀκατακρίτως τολμᾶν ἐπικαλεῖσθαι[3] Σὲ τὸν [3]ἐπουράνιον Θεὸν Πατέρα καὶ λέγειν·

Ὁ Χορ. — **B** Πάτερ[4] ἡμῶν...

Ὁ Ἱερ. — **C** Ὅτι[5] Σοῦ ἐστιν ἡ βασιλεία καὶ ἡ δύναμις καὶ ἡ δόξα τοῦ Πατρὸς καὶ τοῦ Υἱοῦ καὶ τοῦ Ἁγίου Πνεύματος, νῦν καὶ ἀεὶ καὶ εἰς τοὺς αἰῶνας τῶν αἰώνων.

Ὁ Χορ. — Ἀμήν.

ANAPHORE ROMAINE

28 A Divino magisterio edocti, et divina institutione formati, audemus dicere : **B** Pater noster etc.

---

1. Le Prêtre chante cette annonce à haute voix.
2. Cf. note 2, page suiv.
3. Cf. note 3, page suiv.
4. Le Pater est récité par le président du chœur (jadis par tout le peuple) à haute voix. Le Prêtre à l'autel le récite à voix basse. Le Diacre devant les portes saintes, avant que d'entrer, croise l'étole sur sa poitrine, afin de ne pas être gêné pour les mouvements qu'il aura à faire au moment de la communion. Ceci rappelle la manière dont, aux messes de l'Avent et du Carême, dans le rite latin, le Diacre met sa chasuble pliée au moment de l'Evangile. — Cf. *Luc.* XI, 2 à 6. Pour la récitation du Pater par tout le peuple cf. *Vita S. Joannis Elemosynarii* de Léonce de Damas, *P. G.*, tome XCIII, ch. 38, col. 1649. Cet usage existait non seulement dans l'Eglise grecque, mais, encore dans l'Eglise Gallicane; cf. S. Grégoire de Tours in lib. II *De Virtutibus S. Martini*, c. 30, Ed. Arndt et Krusch, p. 620.
5. Cette conclusion est chantée par le Prêtre.

FIN.

SAINT BASILE	TRADUCTION

LE PATER.

28 A Καὶ[1] καταξίωσον ἡμᾶς, Δέσποτα, μετὰ παῤῥησίας[2] ἀκατακρίτως τολμᾷν ἐπικαλεῖσθαι[3] Σὲ τὸν ἐπουράνιον Θεὸν Πατέρα καὶ λέγειν·	Et rendez-nous dignes, Seigneur, de Vous invoquer avec confiance et sans condamnation, Vous, Dieu le Père céleste, et de dire :
Ὁ Χορ. — **B** Πάτερ[4] ἡμῶν...	*Ch. Notre Père* etc...
Ὁ Ἱερ. — **C** Ὅτι[5] Σοῦ ἐστιν ἡ βασιλεία καὶ ἡ δύναμις, καὶ ἡ δόξα, τοῦ Πατρὸς καὶ τοῦ Υἱοῦ καὶ τοῦ Ἁγίου Πνεύματος, νῦν καὶ ἀεὶ καὶ εἰς τοὺς αἰῶνας τῶν αἰώνων.	*Pr.* Parce qu'à Vous appartiennent la royauté, la puissance et la gloire, Père, Fils et Saint-Esprit, maintenant et toujours et dans les siècles des siècles.
Ὁ Χορ. — Ἀμήν.	*Ch.* Amen.

ANAPHORE GALLICANE[6]

28 A Indigni quidem sumus nomine filiorum, omnipotens Deus, sed jubente Domino nostro Jesu Christo Filio tuo, licet trepidantes, tamen obedientes, humili mente oramus et dicemus : **B** Pater noster.

---

1. Cf. note 1, page 108.
2. *Hebr.* IV, 16.
3. I *Petr.* I, 17.
4. Cf. note 4, page 108.
5. Cf. note 5, page 108.
6. De la VIe Messe de Mone. *P. L.*, t. CXXXVIII, col. 875.

FIN.

TABLE DES MATIÈRES

Typographie Firmin-Didot et Cie. — Mesnil (Eure). — 1927.

www.ingramcontent.com/pod-product-compliance
Ingram Content Group UK Ltd.
Pitfield, Milton Keynes, MK11 3LW, UK
UKHW021547260726
13993UKWH00002B/686